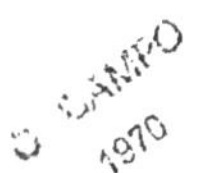

POËMES DRAMATIQUES

PAR

ÉLIACIN GREEVES

PARIS

LIBRAIRIE NOUVELLE

BOULEVARD DES ITALIENS, 15, EN FACE DE LA MAISON DORÉE.

1859

POËMES DRAMATIQUES

DU MÊME AUTEUR

AMOUR ET POÉSIE. Paris, 1854.
POËMES FAMILIERS. Paris, 1856.
POËMES RUSTIQUES. (Sous presse.)

PARIS. — IMP. SIMON RAÇON ET COMP., RUE D'ERFURTH, 1.

POËMES

DRAMATIQUES

PAR

ÉLIACIN GREEVES

PARIS

LIBRAIRIE NOUVELLE

BOULEVARD DES ITALIENS, 15, EN FACE DE LA MAISON DORÉE

1859

DÉDICACE

STELLA MATUTINA — ROSA MYSTICA

I

Chère femme! elle fut ma lectrice assidue
Au temps où nous allions vers l'abime en rêvant
A l'avenir, sa main dans la mienne, et souvent
Appelant d'un soupir la caresse attendue.

Sachant trop combien frêle est l'existence due
A la mystique fleur née au sable mouvant,

Sur mon cœur effrayé je l'abritais du vent,
Et l'y pressais encor.. que je l'avais perdue !

Aux chants de ma jeunesse, un matin tiède et doux,
Sa belle âme d'enfant s'était épanouie ;
Elle en avait gardé le souvenir jaloux.

Par un éclat trompeur alouette éblouie,
Il lui semblait, — du ciel où planent les amants, —
Que les pleurs de notre aube étaient des diamants.

II

Qu'ils lui soient dédiés encore sans partage,
Ces feuillets oubliés depuis les jours lointains
Où sa voix, animant leurs pensers incertains,
Dès lors plus que le mien en faisait son ouvrage.

De ses oiseaux chéris lorsque j'ouvre la cage,
Ils s'envolent, cherchant au fond des cieux éteints

Le soleil qui brillait sur nos heureux matins,

Et retombent transis et brisés par l'orage.

L'exilé, triste et seul dans sa profonde nuit,

Et que du bonheur mort un long regret poursuit,

Envoie à qui l'aimait de fidèles colombes ;

Mais il leur a rendu trop tard la liberté,

Et, ne trouvant personne au foyer dévasté,

Elles vont se poser, plaintives, sur des tombes.

Novembre 1858.

LES NUITS D'ATHÈNES

POÈME DRAMATIQUE EN CINQ ACTES

PERSONNAGES

LE MARI.
LA FEMME.
TÉRIS.
LE COMPAGNON DE TÉRIS.
LA SERVANTE.

ACTE PREMIER

CHEZ LE MARI

SCÈNE PREMIÈRE

LA FEMME, LA SERVANTE

LA FEMME.

Je souffre de traîner cette foule à ma suite.
En ces lieux retirés c'est toi qui l'as conduite,
Délivre-m'en, et viens, que nous causions un peu.
J'étouffe ; dans ma chambre on respire du feu.
Tout m'obsède.

LA SERVANTE.

Madame, après deux ans à peine
Doucement écoulés, cette secrète peine,
Que j'avais trop souvent jadis surprise en vous,

Semble être revenue. Au seigneur votre époux
Vous ne montrez jamais qu'un front sombre d'alarmes,
Et vous ne craignez plus qu'il lise dans vos larmes
Les sentiments amers que vous avez pour lui.

LA FEMME.

Jamais plus chaud soleil sur ma tête n'a lui ;
Traversant ces rideaux et leur pourpre impuissante,
Sans doute, il est jaloux que tout mon corps le sente.
O Vénus !

LA SERVANTE.

Vous souffrez, madame ?

LA FEMME.

O ciel de plomb !
Vivre d'ennui six ans entiers ! comme c'est long !
Vous qui semblez heureuse, est-il aisé de l'être ?
Dites votre secret et faites-moi connaître
Tout un monde invisible évoqué par ce mot :
Le bonheur ! — Et partout, « Qu'est-ce donc qu'il lui faut, »
Disent-ils, « et pourquoi ces tristesses étranges ?
« Elle est riche, à sa robe elle porte des franges
« D'or natif, l'émeraude étincelle à son front,
« Elle est heureuse épouse , et les mères verront

« Longtemps avec un œil brûlant de jalousie

« L'homme qui l'a pour femme entre toutes choisie.

« Elle est belle, et le sait trop bien, car elle a soin,

« En fermant son péplum, d'en soulever le coin.

« Elle est mère, et c'est là, certe, un sujet de joie ! »

Ils disent vrai, sans doute, et je me sens en proie

A de telles douleurs, qu'auprès de cet enfant

Qui m'embrasse, mon cœur se déchire et se fend.

LA SERVANTE.

Madame, reprenez vos sens qu'un rêve trouble,

Vos yeux...

LA FEMME.

A part.

Et que vous font mes yeux ? — Mes yeux voient double.

Près de l'époux tranquille ils voient l'amant absent,

Et mon cœur altéré dans l'air vide le sent ;

C'est le seul passe-temps de ma douleur profonde ;

Je le vois à travers les choses de ce monde,

Comme on voit le soleil à travers un brouillard,

Et, sans cesse attirant mon stupide regard,

Il le brûle. Depuis une si longue absence

D'autres auraient perdu leur dernière espérance,

Ou l'eussent oublié, comme il m'oublia, lui !

Et moi, plus que jamais je l'adore aujourd'hui.

A la servante.   La servante sort.

Retirez-vous. Grands dieux ! si l'âme est immortelle,

Quel bonheur tenez-vous en réserve pour elle

Qui puisse d'ici-bas faire oublier les maux ?

SCÈNE II

LA FEMME, LE MARI

LE MARI.

Madame, laissez-moi vous apprendre en deux mots

Ma joie !

LA FEMME.

Elle paraît assez vive et me touche.

LE MARI.

Un ami dont le nom est souvent sur ma bouche,

Et de qui les adieux me sont toujours présents,

Le charmant compagnon de mes plus heureux ans,

Est ici de retour, après un long voyage.

LA FEMME.

Quel est son nom?

LE MARI.

Téris. — Vous changez de visage ..

LA FEMME.

Ma figure est étrange, oh! pardonnez-le moi.

Je partage, seigneur, votre joyeux émoi;

Mais elle, à mes chagrins si longtemps asservie,

Ne sait plus exprimer que mon âme est ravie.

C'est doux de retrouver enfin un être aimé !

A de pareils bonheurs si mal accoutumé

Mon cœur, heureux pourtant, se sert encor peut-être

D'un langage trop froid pour les faire apparaître ;

Mais vous m'excuserez dans ce trouble nouveau.

Téris est votre ami, cela dit ce qu'il vaut,

Et ce titre suffit pour faire son éloge.

LE MARI.

Verrez-vous sans chagrin qu'en mon palais il loge

En attendant qu'il trouve, ailleurs, une maison?

LA FEMME, à part

O grands dieux ! qu'a-t-il dit? Ai-je bien ma raison?

Au mari.

Seigneur, il n'est ici d'autres vœux que les vôtres.

Seuls ils sont obéis.

LE MARI.

Quand il sera des nôtres,

Téris ramènera bientôt la joie ici.

LA FEMME.

Puisque vous le voulez, qu'il en soit donc ainsi.

LE MARI.

Attendez-le ce soir.

LA FEMME, à part.

O joie inespérée !

Au mari.

Que fait-il ?

LE MARI.

Il habite à l'auberge au Pyrée,

Son navire est entré dans le port ce matin.

Lui montrant un rouleau de bois.

Par quelques mots écrits dans ce léger rotin

Il me l'a fait savoir. Mais le soleil décline,

Déjà l'amer parfum de la brise marine

Se mélange au parfum de mes lauriers fleuris.

Allez tout ordonner.

La femme sort.

O ciel ! tu me souris.

O vent ! pour me fêter de tes rapides ailes,

Je te vois entr'ouvrir mes fleurs tièdes et belles ;

Golfe limpide et bleu d'ilots blancs parsemé,

Tu me jettes de loin ton souffle accoutumé.

O nature ! à l'oubli du mal tu me convies,

Et tout est vain ! Le sort a mal noué deux vies

Qui me semblaient devoir être heureuses pourtant !

Ma femme, d'un palais, au dehors éclatant,

A fait un enfer sombre, et sans que je comprenne

Comment ma joie a pu se fondre toute en peine,

Chaque jour nouveau creuse un abîme entre nous.

Je devrais commander, j'obéis à genoux.

Je l'aime et je fais tout pour qu'elle soit heureuse,

Et l'abîme entre nous, toujours, toujours se creuse.

Jamais une autre femme en mon palais ne dort,

De crainte qu'un soupçon ne me poursuive à tort.

Sans regret j'ai vendu mes plus belles esclaves !

Sombre Fatalité, lâchement tu me braves,

Et ta pitié sourit des efforts que je fais !

Quand une race ancienne et féconde en forfaits

Mêle, dans les éclats de sa gloire première,

Tant de taches de sang aux rayons de lumière,

Ce terrrible passé nous effraye et tarit

La joie en notre cœur, l'espoir en notre esprit.

L'amour ne peut plus être entre nous qu'un mensonge,

Un malaise incessant nous accable ou nous ronge.

Elle ne me fuit pas; mais, pâle de tourments,

Se laisse aller si froide à mes embrassements,

Que je crois, dans mon lit, toucher une statue.

Une amour ainsi faite est un poison qui tue.

Elle n'en a pas d'autre. En vain je cherche, en vain

Je guette ses regards sur la route du bain :

Je ne découvre rien, et cependant son trouble,

Tous les jours plus visible, à mon aspect redouble,

Et tout à l'heure même il m'est apparu tel,

Qu'en mon cœur j'ai senti glisser un froid mortel.

Oh! quelle vie! On vient.

SCÈNE III

LE MARI, TÉRIS.

LE MARI.

C'est lui! Téris!

TÉRIS.

Lui-même!

Ils s'embrassent.

LE MARI.

Bénis soient donc les dieux de me rendre qui m'aime!

TÉRIS.

Es-tu triste?

LE MARI.

Depuis que je n'ai plus d'ami

Mon malheur, autrefois sous tes yeux endormi,

S'est réveillé terrible, et de mon existence

A balayé la joie et presque l'espérance.

TÉRIS.

Cher ami, ce discours me touche et me surprend.

LE MARI.

Pardonne-moi, Téris, la tristesse me rend
Oublieux des devoirs que l'amitié commande ;
Avant tout, laisse-moi te faire une demande :
Veux-tu du vin de Chypre, ou de notre pays?

TÉRIS.

Ni l'un ni l'autre.

LE MARI.

Parle, alors, je t'obéis.

TÉRIS.

Je n'ai plus chaud ; je viens d'un rivage où l'haleine
Du vent est si brûlante, où si rouge est l'arène
Qui cède sous les pieds du morne voyageur,
Que votre été me semble un ruisseau de fraîcheur.
Oh ! quels étranges lieux j'ai vus dans ma tournée !
C'est un rêve où notre âme éblouie, étonnée,
Puise des sentiments jusqu'alors inconnus.
Athène est une cage où vous êtes tenus
Pêle-mêle en prison comme les saintes oies
Que le prêtre affamé, couvant de chastes joies,
Engraisse dans le temple avant de les manger.

LE MARI.

Tu n'as rien oublié sous le ciel étranger.

TÉRIS.

Ami, si tu savais combien, de toute sorte,

J'en ai vu de ces gens qui veillent à la porte

De la divinité, tu frémirais!...

LE MARI.

Comment!

TÉRIS.

Tu vas me regarder avec étonnement,

Si je t'avoue, hélas! que, vus de loin, les nôtres

Ne me paraissent pas valoir mieux que les autres.

LE MARI.

Nos prêtres sont aimés par les dieux.

TÉRIS.

Le crois-tu?

Pour toi l'obéissance aux dieux est la vertu,

Et tu crois nécessaire et bon que l'homme adore

Des maîtres qu'il s'invente, et gravement implore,

Dans ses malheurs, ces dieux qui toujours ont trouvé

Des prêtres pour répondre en leur nom! J'ai rêvé

Quelquefois un pays sans dieu qui nous écoute,
Sans prêtre qui réponde.

LE MARI.

O barbare !

TÉRIS

Sans doute

Mieux vaut qu'un dieu n'ait pas une tête de chien,
Comme le favori du peuple égyptien ;
C'est un point de détail qu'à nos Grecs je concède.
Mais, dès qu'un homme veut adorer, le remède
A cette maladie est d'offrir, sans lenteur,
La plus solide proie à cet adorateur !
Crois-moi, — car j'en ai fait la triste expérience, —
Ce que l'esprit humain contient d'extravagance
Et de conceptions banales aujourd'hui,
Est énorme, — et pourtant quel large vide en lui
Reste pour absorber celles qui sont à naître !
En fait d'absurdités, l'esprit est un grand maître.

LE MARI.

Que me racontes-tu ? Te moques-tu des dieux ?
Leur culte serait-il ridicule à tes yeux ?
Tu repousses le vin ; as-tu soif de ciguë ?

TÉRIS.

C'est leur réponse à tout. Leur adversaire argue
D'un fait brutal et clair comme un beau ciel d'été ;
Mais à quoi bon ? Ils ont trouvé la vérité
Au fond de cette coupe, et vous la feront boire.
Plus tard l'humanité rougira de l'histoire.

LE MARI.

A la philosophie on dirait que tu crois ?

TÉRIS.

Les philosophes sont des fous, excepté trois :
Le premier est Thalès. Mon enfance ingénue
Admirait son idée immense et saugrenue,
Que tout, dans l'univers, était fait avec l'eau ;
Le pauvre homme en avait beaucoup dans le cerveau.
Le second est Socrate. Athènes le diffame
Après l'avoir tué, lui qui dégagea l'âme
De l'enveloppe humaine, et devant tous les yeux
En fit luire à jamais l'éclat mystérieux.
J'ai trouvé le troisième au fond de la Judée,
Maigre pays où germe une puissante idée ;
Toute lumière vient à nous de l'Orient.
Il m'a dit deux secrets

LE MARI.

Je t'écoute en riant.

TÉRIS.

Il n'est qu'un Dieu principe et créateur du monde.
La terre où nous vivons comme la lune est ronde.

LE MARI.

Sans doute il t'a fait voir ces choses clairement?

TÉRIS.

Admets-tu que le monde eut un commencement?

LE MARI.

Tout le fait supposer.

TÉRIS.

La matière première,
Qu'elle soit faite d'eau, de terre ou de lumière,
De quelque chose est faite, et cette chose-là
Fut d'abord le néant. — Un seul Dieu lui parla, —
Car la toute-puissance est une, indivisible,
Ou ne se comprend pas.

LE MARI, riant.

Le problème est terrible!

TÉRIS.

Suppose le pouvoir double, ou la volonté,

Et la création n'eût jamais existé!...

Passons à la terre.

LE MARI.

Oui, la folie est errante.

TÉRIS.

Peux-tu me procurer une fourmi vivante?

LE MARI.

Par Bacchus! que veux-tu faire d'une fourmi?

TÉRIS.

Ce petit animal, très-subtil, mon ami,

En courant sur ta main te prouvera que l'homme

Peut vivre tout autour de notre terre, comme

Il y vit,— ignorant où l'entraînent ses pas.

LE MARI.

Quel ciel pouvons-nous voir avec la tête en bas?

TÉRIS.

Le ciel de l'homme est l'air qui flotte sur sa tête.

Notre globe s'y plonge.

LE MARI.

Hélas! rien ne l'arrête :

Comment retiendras-tu l'Océan dans son lit?

TÉRIS.

Quand tu mouilles ta main et qu'elle s'amollit,
Elle est plus humectée en raison de sa masse
Que notre monde même; et cependant la trace
De cette onde, au grand air, disparaît sur ta main,
Sans qu'une goutte, au sol, ait trouvé son chemin.

LE MARI.

Crois-moi, parle moins haut et prends garde à l'archonte.

TÉRIS.

Calme-toi, je repars. Mon pays me fait honte.
En recherchant le vrai, l'âme y risque son corps.
Lente est la vérité, c'est le pis de ses torts;
On la punit ici pour arriver trop vite.
Moins brave que Socrate, en m'éloignant j'évite
Les branches sans pitié de ce stupide étau
Fait de l'aréopage — hélas! et du tréteau.

LE MARI.

Demeure ici le temps au moins que je te voie!
De mon palais, ami, ta présence est la joie,
J'espère t'y garder près de moi plus d'un jour.

TÉRIS.

Jusqu'à demain, j'accepte. Il n'est pas de séjour

Que j'eusse préféré, si j'avais été libre.

Aux mêmes sentiments que le tien mon cœur vibre.

Je n'ai jamais cherché, là-bas, d'autres amis;

D'autres m'auraient cru fou, — le fou souvent a mis

Les sages de la terre à bout de leur science!

Toujours, dans mon esprit mettant ta confiance,

Toi, tu m'as dis : Courage! Eh bien, je l'ai trouvé,

Ce courage appelé par toi, — par moi rêvé,

Et j'ai réalisé le plus beau de mes songes.

J'ai parcouru le monde, et surpris ses mensonges!

Je reviens au pays qui ne sait plus mon nom

Rire une fois encor de tout..... et mourir.

LE MARI.

Non!

Tu ne dois pas mourir. L'homme n'est pas sur terre

Pour sonder du Destin le ténébreux mystère.

Le sol sur qui la fleur, la verdure et le fruit

S'enlacent, est plus noir au-dessous que la nuit!

Le fruit tente ta main, et cette main coupable

Arrache l'arbre et fouille à son pied dans le sable.

Qu'y verras-tu? Les dieux nous cachent notre sort;

Le ciel est toujours sourd, et Prométhée est mort.

As-tu jamais aimé?

TÉRIS.

Tu sais que mon envie
Suprême fut toujours de tamiser la vie.....
Ah! qu'il nous reste peu de grain, après avoir
Jeté l'ivraie au vent! Enfin j'ai voulu voir
Si c'était bon d'aimer. J'aimai.....

LE MARI.

Qui donc?

TÉRIS.

L'histoire
Est trop longue à conter, trop difficile à croire,
Pour ne pas arriver de suite au dénoûment.
Je n'aime plus.

LE MARI.

Pourquoi?

TÉRIS.

Je ne sais plus comment
J'appris sur mon amante un étrange mystère.
Je croyais que les dieux s'occupaient de la terre
Alors, et j'en eus peur. Dans ces affaires-là
Ils sont toujours de trop. J'ai honte de cela
Maintenant. Quand plus tard elle s'est mariée,

Je n'ai point regretté mon amour oubliée,

Et je me dis parfois, en songeant à ces temps :

L'ai-je aimée? En tout cas, ce ne fut pas longtemps.

LE MARI.

Tu ne l'as pas aimée. Errant de grève en grève,

Et toujours seul, ta vie a passé comme un rêve ;

Ton esprit a vécu, — ton cœur est resté mort.

SCÈNE IV

LES MÊMES, LA FEMME.

LA FEMME.

Seigneur, excusez-moi de troubler cet accord...

Un devoir important au temple vous appelle.

Elle sort.

LE MARI.

C'est ma femme, Téris !

TÉRIS, à part.

Que cette femme est belle !

FIN DU PREMIER ACTE.

ACTE II

CHEZ LE MARI

SCÈNE PREMIÈRE

LA FEMME, seule.

Enfin je l'ai revu, le mal est accompli.
Pour le mieux oublier, pourtant, j'avais rempli
Mon cœur de haine, et seule, étouffant sous la honte,
J'implorais les dieux sourds ! Lorsque l'Océan monte
Et le couvre au regard de son flot miroitant,
Le rivage fangeux disparaît un instant ;
Mais par les vents lassés, bientôt mal soutenue,
La lame tombe et laisse au jour la fange nue.
J'ai senti, quand son œil sur moi s'est abattu,

Se dissoudre en mon cœur ma récente vertu,

Et mon courage ému s'est évanoui, comme

Un brouillard matinal, au souffle de cet homme.

— Dieux puissants! je l'ai vu! j'étais là, près de lui!

Est-ce un rêve? un éclair qui sur ma tête a lui?

Non! je frappe le sol, je vois la mer lointaine,

Et je suis bien vivante! — O bonheur de la haine!

Cet homme et mon époux sont de tendres amis,

Et le ciel, tous les deux, dans mes mains les a mis!

Par l'un abandonnée, oubliée, et peut-être

Au point qu'il ne sait plus des autres reconnaître

Cette femme perdue, amusement d'un jour,

— Et par l'autre vouée à l'enfer de l'amour, —

Je vois fondre ma vie auprès d'un maître triste,

Dédaigneux à dessein de l'âme qui résiste

Quand il étreint ce corps qui lutte vainement

Et garde souvenir des baisers de l'amant!

— Habitez ce palais, vivez tous deux ensemble;

Dans une même haine, amis, je vous rassemble,

Et, quel que soit le fruit de mon sombre courroux,

Je le partagerai justement entre vous.

Amour blessée! amour indignement trahie!

De quel divin reflet, au printemps de ma vie,

Tu dorais l'horizon de mes lointains espoirs!

Comme tu me faisais rêver de calmes soirs

Quand, voilant à mes yeux le mal qui l'emplit toute,

Tu dardais tes rayons sur les fleurs de la route!

Le suprême avenir que tu m'avais promis,

Était-ce à ma fureur de livrer ces amis?

Combien j'aimais! Au fond de notre sein il gronde,

A seize ans, des désirs qui rempliraient le monde.

Crédule, j'écoutai l'homme que ses ennuis

Menaient vers moi, — trompeur, qui dans mes chastes nuits

Et leurs rêves confus porta la torche ardente!

La vierge est curieuse, et sa main imprudente,

A la honte des dieux, brise leurs vaines lois

Quand le désir l'appelle! Il me semble parfois

Que mes longs pleurs n'ont pas éteint cette amour folle,

Et ma haine s'en va, — ma douleur se console; —

Je rêve le retour infâme du passé,

Ce crime qui jamais ne peut être effacé!

Quelle confusion dans la nuit de mon âme!

Il va venir bientôt, que lui dire?

Entre la servante.

LA SERVANTE.

Madame,
Un étranger demande à vous parler.

LA FEMME.

C'est bien...

A part.

Introduis-le. — Mon cœur, sois calme et ne dis rien.

A la servante.

Qu'il demeure un instant en ces lieux à m'attendre.

Elle sort.

LA SERVANTE, à Téris, qui entre.

Ma maîtresse, seigneur, près de vous va se rendre.

Elle sort.

SCÈNE II

TÉRIS, SON COMPAGNON.

TÉRIS.

Deux drachmes au cocher, mon cher, c'est beaucoup trop ;

Ses coursiers effrayés en ont pris le galop.

Que dis-tu de la ville, enfant ? est-elle égale

Au rêve qu'on s'en fait sur la terre natale ?

T'y plairas-tu ?

LE COMPAGNON.

Mon maître, elle est belle, je crois.

TÉRIS.

Ah ! tu crois.

LE COMPAGNON.

Je n'en puis bien juger ; je la vois
A travers les regrets que j'ai de ma patrie.

TÉRIS.

Ta patrie est ignoble : au pied le sable crie,
Au front le soleil brûle, à la gorge l'air mord ;
Le palmier, ton seul arbre, ainsi qu'au four se tord ;
Tu goûtes le repos, après tes longs voyages,
A l'ombre d'un chameau, faute d'autres feuillages ;
Et des femmes le teint n'a pas grande fraîcheur,
Si bien que le corps brûle, et qu'on y gèle au cœur.

LE COMPAGNON.

Seigneur, c'est ma patrie.

TÉRIS.

Oh ! la folie ! il semble
Que cet astre ennuyeux qui sur le vide tremble
Est encore trop grand, tant nous prenons de soin
Pour le diminuer. — Dès qu'on vit sur un coin

De la terre, on voudrait le séparer du reste : —
On tâche d'amoindrir pour soi l'œuvre céleste.
La terre est ta patrie; — écoute mon conseil :
Où tu seras heureux prends ta place au soleil...
Si tu veux retourner là-bas, tu peux le faire...

LE COMPAGNON.

O mon maître! jamais. J'aurai lassé la terre
Sous mes pieds lourds avant de vous abandonner.
Ma voix vous a blessé, veuillez me pardonner.

TÉRIS.

La voix qui vient du cœur n'a jamais rien qui blesse.
Hélas! pour mon pays je n'ai plus de tendresse;
J'écoute sans bonheur les chansons du passé,
Qui, tout petit enfant, autrefois m'ont bercé;
En revoyant ces monts baignés de blonde brume,
Je sens sourdre en mon cœur une vieille amertume;
Ils ne disent plus rien à l'exilé... sinon
Que leurs échos n'ont point souvenir de son nom.
A celui qui vit seul, qu'importe la patrie?
Et je n'ai pas d'amour, pas de femme chérie...

LA FEMME, entrant, à part.

Pas d'amour! il se trompe...

TÉRIS.

On vient, éloigne-toi.

Le compagnon sort.

SCÈNE III

TÉRIS, LA FEMME.

TÉRIS.

Madame, un étranger admis sous votre toit

Vous demande l'honneur d'une courte entrevue.

LA FEMME.

Vous souvient-il, seigneur, de m'avoir déjà vue?

TÉRIS.

Madame !

LA FEMME.

Restez calme, et parlez franchement :

Venez-vous comme ami? venez-vous comme amant?

TÉRIS.

Je suis de votre époux depuis quinze ans, madame,

Le plus sincère ami ; des secrets de son âme,

Aucun ne m'est resté voilé jusques ici.

Les miens, hormis un seul, lui sont connus aussi.

LA FEMME.

C'est un remercîment que vous voulez, sans doute :

Quand l'âme se croit pure, elle se montre toute;

Secret veut dire crime en trop d'occasions…

Mais il est mal qu'ensemble, ici, nous causions

Avant que votre ami, mon noble époux, revienne.

TÉRIS, à part.

Quelle beauté qui pousse au crime que la sienne!

LA FEMME.

Cette porte conduit à votre appartement…

Téris s'éloigne. Après un silence, au moment où Téris sort.

Venez-vous comme ami ?… Venez-vous comme amant?

TÉRIS, à part.

Funeste passion, dans mon cœur tu l'emportes,

Et mes tristes vertus ne sont plus assez fortes

Pour lutter contre toi; tu troubles ma raison !

A la femme.

Si vous ne voulez plus, après sa trahison,

D'un amant éperdu, prenez une victime,

Madame, et tuez-moi ! Sous vos pieds je m'abîme

Dans ma honte, implorant l'impossible pardon

De celle qu'outragea mon infâme abandon.

LA FEMME.

Malheureux ! qu'as-tu fait de ma chaste jeunesse ?
Comment as-tu payé mon aveugle tendresse ?

TÉRIS.

Je fus lâche et coupable !

LA FEMME.

                    Et l'outrage fut tel,
Que, cette main levée en face de l'autel,
J'ai juré par l'enfer que j'en aurais vengeance.
Ma haine eut le loisir de croître en votre absence ;
Et quand, après six ans enfin, votre retour
L'a portée à son comble, en ce terrible jour
J'ai conçu la pensée, où ma rage se vautre,
De vous rendre tous deux malheureux l'un par l'autre :
Vous, le perfide amant ; — lui, le stupide époux.

TÉRIS.

Que votre voix est pure et que vos yeux sont doux !
Ainsi qu'une eau de source, ils laissent voir votre âme.
Six ans ont fait de vous une adorable femme.
En passant à Cythère, aux pieds blancs de Vénus,
J'ai mis de la beauté les emblèmes connus.

Et prié cette bonne et fidèle déesse
De réserver pour vous sa plus douce caresse,
Et de faire du ciel descendre sur vos traits
Un reflet éclatant de ses propres attraits.
Je trouve, à mon retour, ma prière exaucée.

LA FEMME.

Vous avez toujours su, d'une fausse pensée,
Voiler la trahison avec des mots charmants.

TÉRIS.

Vous ne voulez donc plus que nous soyons amants?

LA FEMME.

Et comment vous aimer. puisque je vous hais?

TÉRIS.

                              Folle,
Qui se laisse étourdir au bruit d'une parole !
Vous vous dites : Il faut le haïr, il m'a fait
Un outrage sanglant, et, pour un tel forfait,
Le plus grand châtiment serait trop faible encore.
La raison veut haïr, le cœur, plus sage, adore.

LA FEMME.

Je ne sais que répondre à vos raisonnements,
Sinon que je veux bien que nous soyons amants.

TÉRIS.

Est-ce donc vrai?

LA FEMME.

Que j'ai souffert de votre absence!

Je veux tout oublier; j'ai la ferme espérance

Que nous serons bientôt par l'amour consolés.

Je vous suivrai partout, au ciel si vous voulez.

Nous nous aimions jadis; pourquoi m'avoir quittée?

Vous souvient-il du jour que vous m'avez portée

Dans vos bras si longtemps, de crainte qu'on pût voir

Les traces de la pluie à mon brodequin noir?

Et de la nuit sinistre et pleine d'agonie

Où j'entendis hurler les chiens de Laconie

Qu'on avait, par mégarde, en la cour détachés?

Vous entrâtes chez moi les vêtements tachés

De leur bave, et les mains couvertes de morsures.

Oh! quelle nuit! malgré vos nombreuses blessures,

De crainte d'éveiller quelque soupçon plus tard,

Vous n'aviez pas voulu les frapper d'un poignard;

Ah! que vous étiez beau, noble et plein de courage,

Vous me pressiez avec une amoureuse rage,

Et, quand je retombai de vos bras détestés,

Mes longs vêtements blancs étaient ensanglantés. —

Ma vie était à vous, je vous l'avais donnée,

Et, lâche ! vous m'avez trahie, abandonnée !

TÉRIS.

Je suis à vos genoux ; voulez-vous me punir ?

LA FEMME.

En vous j'attiserai ce cruel souvenir.

TÉRIS.

Ah ! ne craignez jamais que mon âme l'oublie !

Lorsque je trouve au fond de ma coupe la lie,

C'est son goût qui me reste et non celui du vin !

Contre mes longs remords je lutterais en vain.

LA FEMME.

Les remords se tairont si moi je te pardonne.

Écoute, je suis calme et je veux être bonne.

Tu m'aimes, tu le dis ; si cela n'est pas vrai,

C'est que Vénus de moi s'amuse, et j'en mourrai.

Tu m'aimes ! Ce palais pèse sur moi, m'écrase,

Trop de douleur m'inonde, et mon cœur est un vase

Qu'une goutte de plus va faire déborder ;

Je ne puis un seul jour en ces lieux m'attarder.

Je ne m'explique pas ton retour éphémère,

Mais tu ne pourras plus sans moi repartir. Mère,

Je veux abandonner, pour m'enfuir avec toi,

Mon enfant qui bégaye et ne connaît que moi...

Ce crime, qui répugne à la sainte nature,

De mon coupable amour te donne la mesure.

Tu ne me réponds pas...

On frappe.

C'est mon mari. Ce soir

Il me faut cependant ta réponse. Au revoir;

Évitez votre ami si votre cœur balance...

Il sort, absorbé.

SCÈNE IV

LA FEMME, seule.

Le destin a puni ma coupable espérance;

Il lutte, il lutte encore, et ma force est à bout,

Et de cet entretien, pourtant, dépendait tout.

Hélas! j'aveugle amour auquel je m'abandonne

M'a trahie ou trompée, et cependant personne

Ne me peut arracher à l'homme que je hais

Que ce perfide amant. Parce qu'à lui je vais

Franchement, sans détour, sans honte, — il me dédaigne :
C'est la commune loi. Je vais à lui quand saigne
Encore la blessure ouverte dans mon cœur
Par un lâche abandon, par un serment trompeur,
Pour oublier sitôt sa conduite passée,
Ne mérité-je pas d'être ainsi repoussée?
Et cependant je l'aime, et tout à l'heure, ici,
En l'écoutant parler, je n'avais qu'un souci,
C'était de lui crier, — tant ma folie est grande : —
J'aime ta voix, permets toujours que je l'entend.!

SCÈNE V

LA FEMME, LE MARI.

LE MARI.

Madame, auriez-vous donc mal reçu mon ami?
Tout distrait, il ne m'a répondu qu'à demi
En s'éloignant. Quel trouble est entré dans son âme?
Avez-vous remarqué sa tristesse, madame,
Cette bouche muette et ces yeux incertains?

LA FEMME.

Sans doute il a laissé dans les pays lointains

Dont il est de retour des amis qu'il regrette ;

Mais sa bouche n'est pas restée ici muette,

Ses regards n'avaient pas l'étrange égarement

Que vous venez, seigneur, de peindre en ce moment,

Et je vous avouerai qu'il m'est apparu comme

Un philosophe gai, — sinon un charmant homme.

LE MARI.

C'est une âme fidèle à qui je confierais

Ma fortune et mon nom.

LA FEMME.

       Moi, jamais je n'aurais,

Seigneur, de confiance aussi grande en personne.

LE MARI.

Dites à quel soupçon votre cœur s'abandonne.

LA FEMME.

Je n'ai point de soupçon contre un seul homme, j'ai

Contre vous tous le cœur de colère chargé ;

J'en souffre, mais qu'y faire ?

LE MARI.

       Oh ! rien : il faudrait être

Bonne et juste pour nous, donner à votre maître

La joie et le repos, en souriant un peu,

Vous seriez obéie, alors.

LA FEMME.

À cet aveu

Faut-il croire, et sur vous essayer mon empire?

LE MARI.

Je ne vous savais pas un si tendre sourire.

FIN DU DEUXIÈME ACTE.

ACTE III

CHEZ LE MARI

—

SCÈNE PREMIÈRE

LE MARI, TÉRIS.

LE MARI.

Ami, je t'ai laissé lire en mon cœur ouvert,
Je t'ai dit des secrets que l'on tient à couvert
Pour sauver des moqueurs son nom et sa famille ;
Et, bien qu'autour de moi trop de richesse brille,
Tu sais quelle tristesse habite à mon foyer !
J'avais craint, en t'ouvrant mon cœur, de t'effrayer ;
Voilà ma confidence épuisée et tarie,
Et tu n'as rien trouvé, quand il s'élance et crie
Vers toi, son seul refuge et son dernier espoir,

Ce cœur pris de vertige au bord d'un gouffre noir.

Oh ! tu n'as rien trouvé, dans le tien, à lui dire

Qui le puisse arracher à ce triste délire.

TÉRIS.

Que me veux-tu, pauvre homme ? Oh ! les Dieux sont cruels

S'ils te font espérer sur ces chemins mortels

Qu'on te consolera des malheurs dont tu souffres !

Poursuis ta sombre route en évitant les gouffres

Qui s'y creusent souvent sous les pieds imprudents ;

Enfin, fais mieux que moi, qui suis tombé dedans ;

Mais n'attends rien des Dieux !

LE MARI.

C'est une raillerie.

Tu n'es pas sérieux avec moi ! — Je t'en prie,

Console un malheureux !

TÉRIS.

Pourquoi le serais-tu ?

As-tu désespéré de ta propre vertu ?

L'honnête homme est heureux de l'honnêteté seule,

Et je ne plains que ceux de qui l'horrible meule

Du remords, nuit et jour, écrase le cœur. Mais

Tu n'es pas de ceux-là, — tu n'en seras jamais.

Une femme a porté le trouble et l'amertume

Dans ta vie, — et c'est tout, du moins je le présume...

LE MARI.

C'est tout! Oui, tu l'as dit. — Eh! n'est-ce point assez?

TÉRIS.

Chasse-la du foyer qu'elle attriste!

LE MARI, à part.

O pensers

Sinistres et fatals qu'en vain mon cœur repousse,

Il vous a réveillés, avec cette secousse,

Et vous sifflez en moi comme un nid de serpents!

A Téris.

Je fus trop confiant, Téris, je m'en repens.

Chasser d'ici ma femme! Oh! l'ironie amère!

Et, quand mon pauvre enfant demandera sa mère,

Que pourrai-je répondre à mon enfant?

TÉRIS.

Oh! rien.

C'est vrai! Sois malheureux comme un homme de bien.

Tu crois à la vertu dans cette folle Athènes!

Quoique arrivé d'hier, j'ai les oreilles pleines

D'histoires de maris ou d'amants (c'est pareil)

Qu'on trahit sans pudeur. On s'en prend au soleil.

Dans les cœurs innocents, ses caresses trop vives

Excitent les désirs et les ardeurs lascives,

Et la vertu qui dort se réveille trop tard.

Mais tu n'éteindras pas le soleil...

La femme paraît un instant sur le seuil.

LE MARI.

Ton regard

Semble éviter quelqu'un, et tout ton corps frissonne,

Qu'as-tu?

TÉRIS.

J'ai des remords!

LE MARI.

Qui vois-tu là?

TÉRIS.

Personne!

LE MARI.

Cependant tu frémis...

TÉRIS.

Les maux dont tu te plains,

J'en veux rire, et j'en souffre! et nos deux cœurs sont pleins

4.

Des mêmes désespoirs et des mêmes tristesses.

Oh! je suffoque! Adieu!

Il sort en courant.

SCÈNE II

LE MARI, seul.

Quoi! tu fuis, tu me laisses

Seul, à mes longs ennuis, Téris! L'égarement

De ses yeux, de sa voix, me trouble étrangement.

Un secret m'est caché qu'il faudra que j'apprenne.

Il a perdu son calme et sa gaieté sereine

Tout à coup! — Quel soupçon, à l'instant, traversait

Mon âme! — Oh! oui, — je sens que ma femme le sait!

Une trame cachée entre nous se démêle,

Mais le fil que je tiens est si mince et si frêle,

Que je doute, à mon but, de pouvoir arriver.

Cette femme a souri comme pour me braver;

Mille pensers divers se croisent dans ma tête!

S'aimeraient-ils? Soupçon! soupçon que rien n'arrête.

Qui ne voit nulle part l'impossibilité;

Ver qui s'attache à tout, et mord de tout côté,

Tu ne respectes pas la chose la plus sainte !

Ce jeune homme est mon hôte ; à lui tu vas sans crainte,

Et lui dis : « En ces lieux arrivé cette nuit,

On t'accuse d'avoir aimé, surpris, séduit

La femme de l'ami qui t'ouvre sa demeure,

Qui se confie à toi, qui te parle, et qui pleure

Couché sur ta poitrine, en te contant ses maux.

A peine à cette femme as-tu dit quelques mots,

C'est la première fois que vous êtes ensemble,

Pourtant tu l'as séduite ! » — Au seul soupçon je tremble,

Comme je tremblerais devant la vérité

Si je les surprenais dans mon lit détesté !

Avant de voyager il a pu la connaître !

O dieux puissants ! j'y songe et je vois apparaître,

Au lieu d'ombres, des corps trop réels à présent !

Le Destin veut m'apprendre à tout croire en brisant

L'une après l'autre, hélas ! mes chères espérances.

A force de malheurs, à force de souffrances,

J'achèterai le droit de maudire les dieux !

Ils sont ensemble encor !

SCÈNE III

LE MARI, LA FEMME, TÉRIS.

LA FEMME.

Permettez qu'en ces lieux
Qu'il essayait de fuir, seigneur, je vous ramène
Un ami dont le front semble chargé de peine.
Solitaire, il errait dans nos appartements,
Il voulait à mes yeux cacher ses sentiments.
Quels soucis, près de vous, si triste ont pu le rendre?
Puisqu'il ne m'en dit rien, de vous je veux l'apprendre.

LE MARI.

Qu'entends-je? C'est à moi que vous vous adressez
Pour savoir de Téris le rêve ou les pensers?
Madame, à ce sujet, mon ignorance est telle,
Que je songeais à vous interroger.

LA FEMME.

Moi!

TÉRIS, à part.

D'elle

Au mari.

Enfin, il se défie! — Ah! tu serais troublé

De savoir les remords dont je suis accablé.

Hier soir je riais, et tu t'es laissé prendre

A ce feu de sarments sur un monceau de cendre.

A force de tristesse, ami, l'on devient gai,

Et de trop de malheurs un esprit fatigué

Parfois se prend à rire et du ciel et des hommes.

C'est ce rire imposteur et cruel que tu nommes

Ma gaieté. Gaieté folle! il est parfois besoin

Qu'elle m'étouffe un peu, car elle irait trop loin.

LA FEMME.

Cette explication remplit mal votre attente,

Qu'en dites-vous, seigneur?

LE MARI, à part.

L'hypocrite me tente.

A la femme.

Vous en savez plus long! Un esclave m'a dit

Qu'en ce bosquet, à l'heure où le ciel s'attiédit,

Sous ces lauriers en fleur dont le parfum nous donne

La douce quiétude où l'âme s'abandonne,

Occupés d'échanger les longs épanchements

De vos jeunes cœurs, pleins des mêmes sentiments,
Vous avez causé, seuls, ensemble, plus d'une heure.

LA FEMME.

Il est dans cette ville une étrange demeure
Où le mari, pour voir ce que l'épouse fait,
Prend les yeux d'un esclave.

LE MARI.

            Il prend ce qui lui plaît.

LA FEMME.

Il a la haine au cœur et l'insulte à la bouche.

LE MARI.

Mais contre vos amants il défendra sa couche.
C'est vous qui le voulez et qui le demandez :
Eh bien, rompons-les donc, ces silences gardés
Trop longtemps par nous deux, au prix de toute joie,
De tout repos !

LA FEMME.

       Parlez, et faites que l'on voie,
Seigneur, quels sentiments dans le cœur vous avez
Pour une mère en proie à vos coups ; abreuvez
Votre femme, à loisir, de honte et d'amertume !

TÉRIS.

Madame, éloignez-vous. Permettez que j'assume
Tout entière sur moi cette colère-là !

Elle sort.

SCÈNE IV

LE MARI, TÉRIS.

LE MARI.

Oui ! vous avez raison. De nous éloignez-la,
Cette amie imprudente, à la langue rebelle !
Dans la position étrange et si nouvelle
Où nous place du sort le déplorable jeu
L'un vis-à-vis de l'autre aujourd'hui, l'on sent peu
Le besoin entre soi de rencontrer des femmes !
J'attendais mieux de vous, lâche !

TÉRIS.

          Oh ! non ; pas de blâmes !
Dans la ville, pour tous, je suis un inconnu ;
Un seul homme avec moi de l'Égypte est venu,

Et je le renverrai sans qu'on s'en aperçoive.

Que mon sang coule donc, et que la mer le boive!

LE MARI.

Que dites-vous?

TÉRIS.

J'avais une dernière foi

Du doute respectée, et vive encore en moi,

La foi dans l'amitié! Traître, je l'ai souillée!

Pendant que dans le temple une ombre agenouillée

Semblait avec ardeur en adorer le dieu,

Sa main furtivement pénétrait au saint lieu,

Et sans frémir volait le trésor qu'il protége.

Oui, je fus à la fois parjure et sacrilége,

J'ai mérité la mort, ne me blâme donc pas,

Mais frappe-moi! j'attends! Qui donc retient ton bras?

LE MARI.

Tuer! d'un assassin me vois-tu le visage?

Me préservent les dieux de ce triste courage!

Va cacher tes remords loin d'ici! — J'ai besoin,

Pour vivre ou pour mourir, moi, de te savoir loin.

Voudrais-tu, dans ta fuite, emmener ta complice?

TÉRIS.

Eh bien, qu'en dirais-tu?

LE MARI.

Que ton vœu s'accomplisse.

TÉRIS.

Quoi! tu n'as même pas le cœur de te venger!
Par cette femme et moi te laissant outrager,
Tu sembles regarder cette honte qui passe
Sur ton nom, ton honneur, ta famille et ta race,
Comme un pâtre distrait regarde, le matin,
Le brouillard qui descend sur le coteau lointain.
Allons, relève au ciel ces deux mains abattues!
C'est trop longtemps attendre, il faut que tu me tues.

LE MARI.

Oh! ma tête se perd en son égarement!
C'est un soupçon impie! il n'est pas son amant.
Comment le serait-il? il la connaît à peine.

TÉRIS.

Quand jusqu'à déborder sera-t-elle donc pleine,
La coupe d'amertume? As-tu donc oublié
Cette femme séduite et ce lis blanc souillé
A sa première aurore?

LE MARI.

Il faut qu'un de nous meure,
Et du crime, déjà, j'ai trop retardé l'heure.

TÉRIS.

Eh bien, préparons-nous à ce suprême adieu!
On ne peut pas commettre un tel meurtre en ce lieu;
A l'auberge au Pyrée, ami, je vais t'attendre.

LE MARI.

Ami, dis-tu! perfide! ah! je ne puis comprendre
Que tu m'oses parler après ce crime-là!

TÉRIS.

Sois patient! ma mort t'expliquera cela.

Il sort.

SCÈNE V

LE MARI, seul.

Je n'avais foi qu'en lui sur la terre, il me trompe.
Se peut-il qu'un regard de la femme corrompe
Les meilleurs d'entre nous, et qu'un souffle embaumé
De sa bouche empoisonne un cœur tendre et charmé?

L'honnêteté, traquée en tous lieux par la ville,

Ne trouve en nos foyers qu'un impuissant asile,

Et le vice éhonté la soufflette au soleil !

Un meurtre saura-t-il me rendre le sommeil?

Je m'avance au hasard, en proie à la folie,

Comme un histrion ivre et barbouillé de lie ;

Je vais jouer mon rôle, en ce drame de nuit,

Au hasard, sans savoir quelle main le conduit,

Quelle douleur nouvelle en scandera les strophes,

Quelle sourde torture, ou quelles catastrophes

Le pousseront plus vite au sombre dénoûment....

Pour tuer — ou mourir, j'y vais stupidement !

FIN DU TROISIÈME ACTE.

ACTE IV

UNE CHAMBRE D'AUBERGE, AU PYRÉE

—

SCÈNE PREMIÈRE

TÉRIS, SON COMPAGNON.

LE COMPAGNON.

Dès que le messager est venu me le dire,
J'ai fait rapidement débarquer du navire
Ce qui vous appartient, seigneur, et j'attendais
L'ordre de vous rejoindre.

TÉRIS.

Et si je te disais,
Mon brave compagnon, qu'il faut que je te quitte?
J'ai, par événement, quelques gens à ma suite

Qui te veulent du mal. — Retourne en ton pays,

Et loin des durs fracas de nos villes, vieillis,

Sans désirs ni regrets, au milieu de tes frères.

Demain, j'éprouverai des tristesses amères

Quand je me verrai seul ici ; mais il le faut.

Tu partiras.

LE COMPAGNON.

Seigneur, c'est mon plus grand défaut,

De vouloir être utile au risque de déplaire.

Si de quelque méchant vous craignez la colère,

Je ne vous quitte pas ; près de vous je l'attends,

Ou plutôt je vous garde.

TÉRIS.

Ami, depuis longtemps

Je sais qu'en les combats tu me serais fidèle ;

Mais ma vie est trop peu, ne t'occupe pas d'elle.

D'ailleurs, elle n'est pas menacée en ces lieux,

La tienne l'est plutôt...

LE COMPAGNON.

Oh ! je suis curieux

De savoir qui menace une vie inconnue

Comme la mienne. Et d'où pourrait m'être venue
Cette haine risible?

TÉRIS.

Ami, tu partiras;
Mais, au nom de tes dieux, ne m'interroge pas.
J'irai, si je le puis, avant peu te rejoindre,
Pour ne plus revenir. Ma douleur sera moindre,
Si je vis quelque part, de vivre loin d'ici.

LE COMPAGNON.

Que vais-je devenir?

TÉRIS.

Tiens, prends cet argent-ci,
Je n'en ai plus besoin. Un navire s'apprête
A partir de ce port dès demain pour la Crète.
Tu trouveras bientôt, là-bas, l'occasion
De retourner chez toi. J'ai la tentation
De te suivre, en laissant ici ce qui me reste
D'honneur! — Serais-je un lâche? Allons, ami, sois preste,
Il est très-tard...

LE COMPAGNON.

Seigneur, au maître j'obéis;

Mais je n'ai point désir de revoir mon pays :
Ce n'est plus un bonheur s'il faut que je vous quitte.

TÉRIS.

Il le faut, il le faut! pauvre garçon, fais vite.

SCÈNE II

TÉRIS, seul.

O femme! de quel prix j'ai payé ta vertu!
Sur un cœur ébloui quelle puissance as-tu?
Aux lâches, aux voleurs ton amour me ravale!
A ses embrasements, sa folie est égale.
Et je t'aime! oui, malgré ce tourment sans pareil,
J'ose avouer ma honte en face du soleil.
Oui, je t'aime, ô coupable! et je crois que je t'aime
Moins à cause de toi que du crime lui-même.
Avec quel fol oubli de ton mari, de toi,
Et de ton pauvre enfant, tu t'es jetée à moi!
Comme tu dois jouir de ma lâcheté prompte
A vendre mon ami contre une heure de honte!
Triomphe dans le mal! Il t'a bien réussi!

La nuit vient.

Mais j'oublie en rêvant ce qui m'attend ici.

Sur cette route humaine à l'ennui je succombe ;

Tenterai-je à leur tour les chances de la tombe ?

Sombre couche dont nul n'a su se relever,

Il faut un grand courage encor pour te braver !

Toujours, jaloux pays dont nul n'est revenu,

L'épouvante a plané sur ton gouffre inconnu !

Ce sommeil de la mort, qui prend notre dépouille

Et l'abandonne, inerte, au ver froid qui la souille,

Au feu qui la détruit, — prend-il notre âme aussi ?

Destin que la raison n'a jamais éclairci,

Tu te montres aux forts d'entre nous effroyable.

Oh ! que notre science est chose pitoyable !...

Cette âme, nous semblons, pour la vie à venir,

L'essayer ici-bas. Elle, sans souvenir

Du ciel, éclose en nous, — captive et solitaire

D'abord, — en s'attachant aux choses de la terre,

Semble suivre du corps le développement.

Avec l'enfant charnel grandit l'entendement,

Et, l'homme devenu complet, l'âme est parfaite.

Puis elle redescend avec lui de ce faîte,

Se débilite avec tous les membres du corps.

Et s'éteint avec lui, sans lutte, sans efforts.

Cependant on lui sent une puissance innée

Qui dit qu'elle n'est pas à la mort condamnée;

Que, pour elle, ce monde est l'introduction

A quelque grande vie ailleurs. Tentation!

O vieux mythe glacé dans ton eau sépulcrale!

O martyr altéré de science! ô Tantale!

Qui ne peux boire au flot qu'aspire incessamment

Ta gorge en feu, — la mort est pour moi ton tourment;

Je veux, en l'embrassant, savoir ce qu'elle cache.

Qu'importe, en vérité, que l'homme orgueilleux sache

Quelque chose ici-bas, s'il ne sait pas cela?

Pour le sage mortel, toute science est là.

Les morts ne pouvant pas renaître de leur cendre,

Il faudra donc qu'on voie un dieu du ciel descendre

Pour déchirer le voile et nous ouvrir les yeux.

J'y songe, et je me dis : Existe-t-il des dieux?

Quels pensers! Là-dessus les autres s'étourdissent;

D'un monde vieux déjà que d'habitants vieillissent

Sans souci du destin qui les attend ailleurs!

Hélas! nos jours d'oubli sont encor les meilleurs!

SCÈNE III

LE MARI, TÉRIS.

LE MARI.

Vous ai-je fait attendre?

TÉRIS.

A la mer une trombe

Avec moins de fureur sur le navire tombe

Que sur moi ta vengeance! Il n'est pas encor temps...

LE MARI.

Ce logis me déplaît, dehors je vous attends.

TÉRIS.

Qu'est-il donc arrivé depuis notre entrevue?

LE MARI.

Rien, sinon que j'ai fait une triste revue

De mes bontés pour vous et de votre paiement.

Les paroles, d'ailleurs, en un pareil moment,

Sont de trop; un de nous doit mourir, et sur terre

Laisser la place libre à l'autre.

TÉRIS.

De me taire

En recevant le coup je n'ai plus le pouvoir.

Avant qu'il ne se ferme à jamais, je veux voir,

Dans mon cœur palpitant, les pitoyables causes

De nos malheurs. Viens lire en ce cœur, si tu l'oses.

Ta femme s'est à moi donnée, et sans combats ;

Bientôt je l'ai trahie. Elle n'en mourut pas.

Au reste, tu le sais. Quand, dans ce gynécée,

Pour la première fois, une amour insensée

M'entraîna, je croyais à l'humaine vertu,

Et devant l'avenir mon scrupule s'est tu.

Cet avenir était la robe d'hyménée,

A cette belle enfant par mon cœur destinée.

Hélas ! les nuits de crime ont d'étranges réveils : —

Quand sa joue et son front s'offrirent tout vermeils,

Dès l'aube, à mes baisers, je sentis dans mon âme

Surgir comme un dégoût de cette jeune femme,

Qui me troublait avec ses grands yeux étonnés ;

Et des embrassements qu'elle m'avait donnés

Je compris qu'il faudrait mourir un jour ou l'autre.

En vous ouvrant mon cœur, je torture le vôtre...

Mes lèvres ont eu soif encor de ce poison,

Je n'ai pas reculé devant la trahison ;

J'aurais pu le cacher, mais, à ceux que j'estime,

Je parle franchement, et préfère l'abîme

Que ce courage creuse à mon seuil infesté

Au rempart qu'y pourrait bâtir ma lâcheté.

Je ne crains plus, à l'heure où je suis, de déplaire.

LE MARI.

Oh ! tu n'as pas besoin d'exciter ma colère !

TÉRIS.

Je voudrais émouvoir ta pitié ! Si le nom

De ta femme m'avait été connu...

LE MARI.

Quoi?...

TÉRIS.

Non !

Je l'ignorais ! Aurais-je, en ma bassesse extrême,

Oublié sans pudeur le respect de moi-même,

En payant d'un forfait ton hospitalité !...

Mon crime fut affreux, mais non prémédité ;

C'est le destin qui seul m'a poussé vers ce crime,

Ce destin qui t'a pris aussi, toi, pour victime,

t par dérision t'a fait maître et soutien,

oi, cœur d'or, esprit droit, — enfin homme de bien, —

'une femme qui n'a jamais pu, dans ta couche,

pporter que sa haine ou son ennui farouche.

LE MARI.

our elle oserais-tu me reprocher mes feux !

TÉRIS.

on ! je comprends trop bien son pouvoir sur nous deux.

u moment que j'entrai dans l'opulente chambre

ù les rideaux de pourpre et les trépieds pleins d'ambre

rahissaient de ta femme et la présence et l'œil,

e fus traître ! Il fallait m'arrêter sur le seuil !

'as-tu fait ? Pourquoi donc, pauvre aveugle, t'en prendre

moi de ton malheur ?

LE MARI.

Je suis las de t'entendre !

u déchires mon cœur à loisir cette nuit !...

e ne veux pas d'éclat, je ne veux pas de bruit,

ais le temps est passé de ces vaines paroles.

TÉRIS.

e désire qu'après ma fin tu te consoles

'être seul ici-bas, si ta femme a le tort

De vouloir me venir rejoindre dans la mort.

LE MARI.

Excite, excite encor ma fureur haletante!...

TÉRIS.

Ne faut-il pas qu'ici j'amuse ton attente?
Mon brave compagnon n'est pas encor parti.

LE MARI.

Il tarde...

TÉRIS.

Il va si loin !

LE MARI.

Mon poignard est sorti
Malgré moi de sa gaîne, et je sens que la rage
M'emporte.

TÉRIS, s'avançant vers le mari.

Frappe donc !

Le mari sort.

SCÈNE IV

TÉRIS, seul.

Pauvre homme! quel courage
Il lui faut pour porter tous ces événements!
Quoi! j'ai fait tant de mal!

SCÈNE V

TÉRIS, LE COMPAGNON.

LE COMPAGNON.

Encor quelques moments,
Et je vous quitterai!

TÉRIS.

Que Glaucus te sourie!
Verse du vin crétois dans ma coupe fleurie,
Et bois à mon retour prochain dans ton pays. —
Qui frappe? d'ennuyeux nous sommes assaillis.

LE COMPAGNON.

C'est une femme...

TÉRIS.

Attends, et je reviens. — Toi, reste
Seul avec elle ici.

Il sort.

SCÈNE VI

LE COMPAGNON, LA FEMME.

LA FEMME, à part.

M'égares-tu, céleste
Et terrible pouvoir qui pousses en avant
Mes pas précipités?... Où suis-je ici?

LE COMPAGNON.

Devant

L'humble ami d'un seigneur étranger.

LA FEMME.

Votre maître

Est-il ici?

LE COMPAGNON.

Lui, non.

LA FEMME.

Quand viendra-t-il?

LE COMPAGNON.

                              Peut-être

Demain, — peut-être non.

LA FEMME.

                    Jusques à son retour

Je vais l'attendre... Sors!

                              Il sort.

SCÈNE VII

LA FEMME, seule.

                    Toute jeune, en l'amour
J'avais grande espérance, et je voyais ma vie
De ses brûlants rayons incessamment suivie,
Briller dans l'avenir, comme entre les roseaux
Du fleuve à l'horizon on voit briller les eaux. —
Oh! je me complaisais en cette douce vue,

Mais je ne t'avais pas, en vérité, prévue,

Comme les dieux t'ont faite, ô lâche passion

Qui n'es que désespoir et que déception !

Arrière la vertu, car meilleures nous sommes,

Et plus nous semblons être une proie, à ces hommes,

Agréable à ronger dans la honte ou le sang.

Il mérite la mort. Ma main, en punissant

Le crime d'autrefois, peut-être aussi se venge

Du dédain d'aujourd'hui. Qu'importe? Assez de fange

A rejailli sur moi du bonheur qu'il a pris,

Pour que les dieux soient sourds. Poison contre mépris,

C'est de bonne guerre.

Elle jette du poison dans la coupe. Elle va à la porte.

Entre !

Le compagnon rentre.

Et va dire à ton maître

Qu'une femme (il saura sans nom la reconnaître),

Ce soir venait lui faire un éternel adieu...

Elle sort.

SCÈNE VIII

LE COMPAGNON, puis TÉRIS.

Il le saura, madame, en rentrant en ce lieu.

— O maître! où sommes-nous? Lieu sinistre! il me semble

Qu'une froide sueur m'imprègne — et que je tremble!

Au moment de partir je me rattache à toi.

La chaleur m'étouffait tout à l'heure, et j'ai froid

Maintenant...

TÉRIS.

Cette femme est donc rentrée en terre?

LE COMPAGNON.

Seigneur, elle est partie, et m'a dit de vous faire

Ses adieux pour toujours. Elle est triste...

TÉRIS.

Est-ce tout?

LE COMPAGNON.

Oui, seigneur.

TÉRIS.

Eh bien, pars. — Ton navire est au bout
Du quai de l'occident, et son nom est la *Guivre*.
Ton voyage est payé ; mais, avant de poursuivre
Ta route loin d'ici, prends cette coupe et bois
A mon retour !

Le compagnon boit.

TÉRIS, prenant la coupe.

A moi !

Il la porte à ses lèvres.

LE COMPAGNON.

Non ! arrêtez, je crois
Que cette coupe infâme était empoisonnée.

TÉRIS.

Empoisonnée ! eh ! c'est moi qui te l'ai donnée !
O ciel ! sa bouche écume et son front devient bleu...
Il meurt, et par ma faute !

LE COMPAGNON.

Oh ! je souffre ! oh ! le feu
Me brûle ! Sauvez-moi, mon maître... Ma patrie...
Plus rien ! Je meurs, mon maître !

TÉRIS.

Au secours !

LE MARI, entrant.

Qui donc crie ?

SCÈNE IX

LES MÊMES, LE MARI.

TÉRIS.

Regarde! le pauvre homme est mort empoisonné.

LE MARI.

Empoisonné! Par qui?

TÉRIS.

Ce vin abandonné

Aux regards d'une femme, ici seule restée,

Trouble d'affreux soupçons mon âme épouvantée.

Pauvre ami! cette main, qui tremblait dans ma main

Tout à l'heure, est glacée à présent! Et demain

Il ne restera plus de toi qu'un peu de cendre!

Mais tu seras vengé! Je te promets de prendre

Sur moi seul ta vengeance! Oui, tu seras vengé;

LE MARI.

Qui donc a fait le coup?

ÉRIS.

Un cœur déjà chargé
D'autres crimes, une âme aux remords asservie,
Une main qui versa le poison dans ta vie.

FIN DU QUATRIÈME ACTE

ACTE V

CHEZ LE MARI

———

SCÈNE PREMIÈRE

LA FEMME, LA SERVANTE.

LA SERVANTE.

Madame, où courez-vous? Quel triste égarement
Vous chasse avant le jour de votre appartement?
Quelle peine cachée à mon inquiétude
Bouleverse vos traits?

LA FEMME.

Laissez là cette étude
De mes traits! S'ils font peur, cachez-moi votre effroi.
Rentrez; l'air de la nuit pour qui tremble est trop froid

Elle sort.

SCÈNE II

LA FEMME, seule.

Mes pères, on m'a dit que dans les anciens âges

Vos malheurs avaient fait pleurer ces durs rivages,

Et que sur votre front le peuple épouvanté

Venait lire le sceau de la fatalité.

La terre, grâce à vous, eut un terrible exemple

De la fureur des dieux outragés dans leur temple,

Et de leur long courroux sur vous appesanti.

D'une pareille race, hélas! l'enfant sorti

Ne peut point espérer de trouver sur la terre

Le calme dans la vie, — et le sommeil austère

Dans la mort, — quand ses jours auront atteint leur but.

Non, il doit aux enfers apporter son tribut

De crimes, de douleurs, de mensonges, de haine...

Il doit servir d'exemple à ceux dont l'âme est pleine

Des sombres désespoirs qui nous font, malgré nous,

Maudire ce Destin dont veille le courroux.

Loin de me protéger, les dieux de ma patrie

Ont sur mon jeune front déchaîné leur furie,

Et leur pouvoir pour moi ne s'est manifesté

Que sous le morne aspect de la fatalité.

Rien ne les attendrit, ni présents, ni prière,

Rien que ma vie offerte à leurs coups tout entière.

Cette nuit, ivre et folle, à l'inconnu j'allais,

Et j'ai pourtant atteint le but que je voulais.

Un seul homme vivant sur cette terre infâme

Réveillait un désir d'existence en mon âme,

Et je ne tenais plus au monde que par lui !

Je l'ai tué ! Peureuse, en sanglotant j'ai fui,

Sans contempler sa mort, ni savourer mon crime !

Bourreau, je n'osai pas regarder ma victime !

Et je suis revenue à pied, sans voile, ici,

Comme une mendiante. Eh bien, c'est mieux ainsi :

La fatigue du corps a tué la pensée.

Que vais-je devenir? Une fois commencée,

La route des forfaits semble fuir sous nos pas.

On marche, — qu'on le veuille ou ne le veuille pas, —

Sur le talus rapide où le pied toujours glisse,

On se sent emporté par le crime complice,

Sans pouvoir résister à cet entraînement,

Et dans l'abîme ouvert on roule éperdument.

Mon cœur, au désespoir abandonné sans trêve,

N'a jamais rencontré son idéal qu'en rêve.

Peut-être que la mort le réalisera !

Peut-être qu'avec joie il me retrouvera,

Lui, ma pauvre victime, aux lieux où se réveille

L'âme des morts ; aux lieux dont l'esprit s'émerveille

En lisant les beaux vers des poëtes anciens.

Parmi ces morts errants, on reconnaît les siens ;

Et, loin des trahisons de notre ancienne vie,

De la joie ici-bas vainement poursuivie

On goûte le flot pur : on aime, on est aimé !

Mon cœur, dans les remords tout à l'heure abîmé,

Renaît à cet espoir, il s'anime, il respire.

Sur moi, sur mes effrois, j'ai repris mon empire.

Calme, je vois d'un œil sans éblouissement

Ce que j'ai fait, — pourquoi je l'ai fait, et comment

D'un mal irréparable un bien sauveur peut naître.

Téris entre.

Est-ce un spectre, grands dieux ! que je vois apparaître ?

SCÈNE III

LA FEMME, LE MARI, TÉRIS.

TÉRIS, au mari.

Contemple cette femme et son horrible peur.

Regarde sa figure et reconnais l'auteur

Du crime Ce n'est plus un vain soupçon qui plane :

C'est la vérité nue! Absous donc, ou condamne;

Toi seul es juge ici.

LE MARI.

Qui, pénétrant sans bruit

Chez cet homme, a versé du poison cette nuit

Dans sa coupe?

LA FEMME.

C'est moi!

LE MARI.

Lâche!

LA FEMME.

J'y suis allée,
Seigneur, sans me cacher et sans être voilée.
Je n'avais qu'un désir · son amour ou la mort.
Mais, seule, en l'attendant, il m'a pris un remord
D'aimer si tendrement qui deux fois m'a trahie.
Une sombre pensée est bientôt accueillie,
Quand la raison est trouble et l'espoir épuisé.
Sa vie était l'enjeu contre mon cœur brisé.
Je décidai sa mort. Il s'y devait attendre :
Si peu craintif qu'on soit, on ne peut pas prétendre
Écraser une femme et dormir, en rêvant
Avec le même calme après qu'auparavant !
Nos colères seraient de trop puériles choses,
Si, le crime accompli, sur l'oreiller de roses
On se couchait tranquille, — on attendait, certain,
D'un sommeil frais et doux, le retour du matin.
La vengeance vaut bien qu'à grand prix on l'achète ;
C'est avec le remords qu'on acquitte sa dette.
J'ai voulu le tuer, je n'ai pas réussi.
J'aime mieux à présent que cela soit ainsi,
Car, n'ayant plus d'amour, je ne hais plus personne,

Et, songeant à mourir, aux méchants je pardonne.

TÉRIS.

Aussi moi je t'avais pardonné nos amours!

Les remords de mes nuits, les douleurs de mes jours,

J'avais tout pardonné; mais ce qui ne peut l'être,

C'est ce crime nocturne, aussi lâche que traître,

Qui m'est venu tuer un ami dans les bras...

LA FEMME.

Quel crime? quel ami? je ne vous comprends pas.

TÉRIS.

D'autres lèvres ont bu dans la fatale coupe

Le vin empoisonné.

LA FEMME.

Dieux vengeurs!

Silence.

LE MARI.

Pâle groupe,

Sur qui plane déjà l'effroi du jugement;

Toi l'épouse adultère, et toi l'indigne amant;

A la femme.   A Téris.
Toi que j'aimais, et toi que j'honorais! — il semble,

Tant vous me faites mal, que devant vous je tremble,

Moi, pour de tels méchants juge encor trop nouveau !

Dites quel châtiment vous paraît au niveau

Du mal que vous avez apporté dans ma vie !

A Téris, lui présentant un poignard.

Frappe au cœur cette femme encore inassouvie

De ton perfide amour. Frappe là !

TÉRIS.

Me prends-tu.

Ami, pour un bourreau ?

LA FEMME, à Téris.

Tuez-moi !

TÉRIS.

La vertu

Est plus habile encor, je le vois, que le vice

A trouver des tourments dont la terre frémisse.

LE MARI.

Tu me disais : Ordonne, et je t'obéirai.

TÉRIS.

Tu veux ma vie : eh bien, je te la donnerai ;

Mais, si tu veux la sienne, ô lâche ! va la prendre.

Je sentais, en venant jusqu'ici, dans la cendre

De mon cœur dévasté, brûler comme un tison

La haine contre qui me versa du poison.

J'emportais, tiède encore en moi, l'adieu suprême

D'un ami plein d'ardeur, d'espoir, cette nuit même...

    Montrant la femme.

Et je ne songeais pas à la tuer, pourtant !

LA FEMME.

Je désire la mort et de vous je l'attend.

TÉRIS.

Vous êtes jeune encor pour mourir !

LA FEMME.

                Dans ce monde

J'ai trop souffert ; mon âme à sa dépouille immonde

Enfin veut s'arracher et prendre son essor

Ailleurs.

TÉRIS.

    Eh bien, mourons ensemble !

LA FEMME.

              Il m'aime encor !

TÉRIS.

Oui ! l'âme lutte en vain contre sa destinée,

Et la mienne est vers toi, malgré tout, entraînée.

Je suis lâche, je l'aime et ne puis renfermer

En moi ce triste aveu, — je t'aime et veux t'aimer
Toujours! Je t'ai choisie entre toutes les femmes,
Parce que nous avons tous deux d'ardentes âmes,
Parce que notre amour a perdu la raison
Et marche sur le crime et sur la trahison
Sans être épouvantée, et parce qu'à son ombre
Toute autre passion meurt! — Dans ta rage sombre
Tu m'as de mes amis déjà pris le meilleur
Cette nuit; — voici l'autre!

LE MARI.

                 O sinistre railleur!
Oses-tu te moquer à cet instant suprême
De ceux qui vont mourir? Vois, l'orient est blême,
Encore une minute, et l'ardent soleil luit,
Déchirant dans le ciel le manteau de la nuit,
Pour qu'on voie à loisir les crimes de la terre,
Les complots sans vergogne et l'impur adultère!
Ah! notre vieille Athène a de dignes enfants!
Soleil, ramènes-tu tes coursiers triomphants
Dans la plaine céleste avec la noble envie
De voir quelles vertus l'homme fête en sa vie?
Alors arrête-les derrière l'horizon.

Laisse la nuit coupable à l'humaine prison
Verser son ombre épaisse, et retiens sur l'abîme
Ces coursiers qu'effraya jadis l'odeur du crime.
Tu viens, dès ton lever, luire sur un forfait.
Regarde, en ma maison, les choses qu'on y fait.
Jé te prends à témoin de ma lente justice,
O roi du ciel! Écoute, avant que j'accomplisse
Ce que j'ai décidé, quels sont mes derniers vœux :

A Téris et à la femme.

Sois uni pour toujours, toujours, couple hideux!
Et je serai vengé!

LA FEMME.

Qu'a-t-il voulu nous dire?

LE MARI.

Si je croyais en vous, je voudrais vous maudire,
Dieux qui nous partagez nos destins ici-bas!
Mais je vois dans le ciel et ne vous y vois pas!

Il se frappe.

LA FEMME.

Il tombe, il s'est tué...

TÉRIS.

Pourquoi rester sur terre
Quand on n'a plus d'amis?

LA FEMME.

O Vénus! fais-le taire!

A Téris.

Je t'aime!

TÉRIS, lui montrant le cadavre.

Tes amours portent des fruits si doux!

LA FEMME.

Il est heureux... peut-être!

TÉRIS.

Il s'est vengé de nous!

FIN DU CINQUIÈME ET DERNIER ACTE.

LES NUITS DE ROME

POEME DRAMATIQUE EN CINQ ACTES.

PERSONNAGES

NÉRON.

NASUS.

IOLIS, fille de Nasus.

GRACCHUS, préfet du palais.

DONATELLA.

NARCISSE.

LOCUSTE.

Amis de César.

Amies d'Iolis.

Gaulois.

Geôlier, gardes, esclaves, etc.

ACTE PREMIER

LE VESTIBULE DU PALAIS DE NÉRON

SCÈNE PREMIÈRE

DONATELLA, en joueur de lyre, GRACCHUS.

DONATELLA, regardant défiler un cortége.

Les esclaves d'abord, — puis les clients en foule,
Puis les nouveaux amis, ce large flot qui roule
Incessamment au pied de l'orgueilleux rocher,
Et murmure tout bas en le venant lécher;
Je les reconnais tous. Gracchus leur sourit comme
Il ne sourit jamais quand César est à Rome.
On aime à savoir loin un si puissant ami.

GRACCHUS, à Donatella.

Mendiant, suis la foule.

DONATELLA, à part, en s'éloignant.

A ce mot j'ai frémi !

Mendiant, va là-bas finir ton triste rôle !

Va te mêler à ceux que l'Afrique ou la Gaule

Au grand marché de Rome envoie en longs troupeaux !

— Je regrette l'exil et son lâche repos.

Il revient.

GRACCHUS.

Encore lui ! — Cet homme en mes yeux cherche à lire.

Qui donc es-tu ?

DONATELLA.

Je suis un vieux joueur de lyre,

Pour votre mariage et ses fêtes loué.

GRACCHUS.

C'est bien. Va-t'en.

DONATELLA.

Seigneur, aujourd'hui j'ai joué

De bon cœur, et longtemps, et la journée est bonne !

GRACCHUS.

Attends, pour me parler, que je te questionne.

Tu ne connais donc pas le dernier règlement?

Obéis sans tarder à mon commandement.

DONATELLA.

Seigneur, écoutez-moi.

GRACCHUS.

Va-t'en! de te répondre

Je n'ai pas le loisir.

DONATELLA.

O seigneur! j'ai vu fondre

Les cohortes de Rome, impétueux torrents,

Sur mon pauvre pays, et ses enfants errants,

Quand ils ne meurent pas de faim, doivent repaître

Des fruits de leurs sueurs le proconsul, dur maître

Qui paye à coups de fouet leur écrasant labeur,

Ou venir mendier, dans la ville sans cœur,

Le pain de servitude. Oh! la cruelle ville!

Que le saint empereur jamais ne vous exile,

Monseigneur!

GRACCHUS.

Parle bas! tu t'en trouveras bien.

Tu dois venir de loin. Ici l'on sait combien

La parole, en montant sous ces voûtes splendides,

Trouve d'échos nombreux, trouve d'échos perfides.

Vieillard, crains pour tes jours!

DONATELLA.

Que voulez-vous, seigneur,

Que fasse de mes jours notre saint empereur?

J'ai les membres cassés et la figure laide....

Qui n'a rien ne craint rien : les dieux lui sont en aide.

GRACCHUS.

Pour l'ignoble affranchi qui règne maintenant,

Tout est bon à tuer, sénateur ou manant.

DONATELLA.

Merci, mon bon seigneur, de vos conseils utiles.

Violemment.

Tigres repus de sang ou venimeux reptiles,

Affranchis, courtisans, empoisonneurs, enfin

Néron! — rien ne m'effraye, — et j'entre, car j'ai faim.

GRACCHUS.

Est-ce un vil espion? Est-ce un fou? Non! arrête!

Si peu que cela soit, tu tiens à cette tête

De mendiant! Si tu me trompes, tu la perds.

DONATELLA.

Que voulez-vous, seigneur?

GRACCHUS.

                    Viens ! En ces lieux ouverts

A tous les courtisans, où le vent nous écoute,

Où l'écho nous trahit des pavés à la voûte,

Qui t'a fait m'arrêter pour me parler ainsi ?

Regarde ce poignard caché toujours ici,

Moi préfet du palais, ayant pour me défendre

Mille prétoriens, mais qui pourraient me vendre,

A lui seul je me fie : il est empoisonné.

Je te tue, et ton corps ce soir sera donné

En pâture aux poissons des viviers.

DONATELLA.

                    Ciel !

GRACCHUS.

                    Avoue

Que tu m'espionnais !

DONATELLA.

                    Non, monseigneur, je joue

De la lyre pour vivre, et n'espionne pas.

GRACCHUS.

Vieillard, je veux te voir ; — jette ce voile à bas.

DONATELLA. *se découvrant.*

Je suis Donatella....

GRACCHUS.

Lui! c'est lui, par Hercule!

DONATELLA.

Quoi! devant l'exilé Caïus Gracchus recule!
Ou suis-je oublié, moi, son ami de vingt ans?
Oh! cette cour de Rome a des goûts inconstants!
Quand rentrent de l'exil ceux qu'a chassés le maître,
Leurs amis d'autrefois n'ont pour les reconnaître
Que les yeux ennuyés du mécontentement.

GRACCHUS.

Oh! tremble! tremble ici, surtout en ce moment,
Donatella! Le maître auprès de lui, sans cesse,
Croit voir un assassin qui dans l'ombre se dresse;
Il a peur, et sa peur tue à tort, à travers,
Pour un mot, un regard, un bruit de lyre, un vers!
Notre vieux sol romain disparaît sous les tombes.
Les meurtres d'aujourd'hui se nomment hécatombes.
Le sénat décimé se compte le matin :
Tout meurt, et le courage avant l'homme s'éteint !
Ce soir il fait brûler le peuple entier qui prie

Un Dieu nouveau venu d'Égypte ou de Syrie...
Peut-être que demain il nous brûlera tous.

DONATELLA.

Tous vous le méritez. Vous êtes à genoux
Devant cet insensé qui se croit un Dieu!

GRACCHUS.

Tremble!

On écoute!

DONATELLA.

As-tu peur que l'on nous voie ensemble?
Qui me reconnaîtrait sous ce vêtement vil?
Moi qui, depuis six ans, pourris dans mon exil,
Mon souvenir est mort, et plus rien ne l'éveille.
Quel puissant de ce jour aux puissants de la veille
A le temps de songer? Et cependant leur sort
Vaut bien qu'on le médite. Ah! vous craignez la mort,
Esclaves attroupés chez un maître qui tue!
Sous ses pieds orgueilleux votre foule abattue
Frémit en se serrant comme un troupeau de daims
Sous la patte du tigre! Et de lui tu te plains?..

GRACCHUS.

Non, moi je suis aimé de l'empereur.

DONATELLA.

Il t'aime!
Il t'aime! Ce doux mot n'est donc plus qu'un blasphème!

GRACCHUS.

Son regard me protége.

DONATELLA.

Adieu, j'ai tout compris!
De ta honte, Caïus, recueille en paix le prix!
Cette honte s'infiltre aux cœurs les plus austères;
Ceux qui gardaient jadis le respect de leurs pères,
Et pleuraient la patrie avec des pleurs de sang,
Sont morts, — ou je frémis en les reconnaissant.
Qu'as-tu fait de l'honneur? C'était ton patrimoine;
Ton aïeul a jadis, au triumvir Antoine,
Vendu de cet honneur plus d'un large lambeau,
En veux-tu pour jamais dépouiller le tombeau
Des fils de Cornélie, ô Gracchus? — Voilà comme
Tu meurs dans tes enfants, ô sainte mère, ô Rome!
La honte de leur vie étouffe ta vertu!
Quelles moissons, soleil du Latium, as-tu
Depuis cent ans déjà fait germer et mûries!

GRACCHUS.

Ami, tu veux mourir....

DONATELLA.

Et toi, tu te maries.

Je le sais, l'intendant hier m'a commandé

Pour jouer à ta porte; et peut-être, attardé

Près d'un vieil exilé, loin de ta jeune épouse

Te sens-tu dans le cœur une crainte jalouse.

Caïus, va la rejoindre.

GRACCHUS.

Autre temps, autres mœurs.

DONATELLA.

Le temps où toi, le fils des vieux Gracches, tu meurs

D'effroi sous le regard de l'insensé qui règne,

Est certe un temps maudit et vaut que je le plaigne.

Quelle femme as-tu prise? Avec quel jeune cœur

Oses-tu partager le poison de ta peur?

GRACCHUS.

Tu vas comprendre, ami, ma joie inespérée!

Du proconsul Nasus c'est la fille adorée,

De l'Orient lointain revenue avec lui,

Mon cher Donatella, que j'épouse aujourd'hui.

DONATELLA.

C'est une fille chaste et pleine de courage.

GRACCHUS.

Et de qui le sais-tu ?

DONATELLA.

Je reviens d'un voyage

Où de son noble cœur j'ai reconnu le prix.

La maladie un jour l'an dernier m'a surpris

Chez son père. — Iolis m'a soigné six semaines.

Nasus a le pouvoir sur ces plages lointaines

Où l'exil, tu le sais, nous abreuve de fiel.

Lui seul me sait ici. Sa fille sous le ciel

De ce tiède Orient, d'un rayon d'or brunie,

Égale par l'éclat de sa grâce infinie

La Vénus de Mélos, reine de l'Archipel,

Qui nous vit de si loin venir à son appel,

Et frissonner devant sa majesté divine !

Dans les traits d'Iolis la bonté se devine ;

Mais je croyais son âme étrangère à l'amour.

GRACCHUS.

Elle aime, — elle est aimée. Adieu, reviens un jour

Me voir avec Nasus, nous fermerons les portes.

DONATELLA.

J'accepte; mais, n'ayant à dire à ces cohortes

Qui veillent près de toi qu'un nom proscrit, — un nom

Qui n'a plus son entrée au palais de Néron,

Tu me demanderas à mon maître Erosthène

Comme joueur de lyre.

GRACCHUS.

O douleur!

DONATELLA.

Elle est pleine,

La coupe de ma honte!

UN ESCLAVE, entrant.

Au très-noble Gracchus!

GRACCHUS.

Parle!

L'ESCLAVE.

Le messager des prêtres de Bacchus

Attend Votre Grandeur au seuil du vestibule.

DONATELLA.

Est-ce toujours Flavus, le débauché?

GRACCHUS.

Je brûle

D'apprendre quel destin le jaloux avenir

Me prépare...

DONATELLA.

Insensé !

Gracchus sort.

SCÈNE II

DONATELLA, seul.

Pourquoi le retenir?

Demande au ventre ouvert de la grasse victime

Quel destin, ou plutôt, — destin du temps, — quel crime

Pourra rendre ta femme heureuse à tes côtés...

Ton empereur est là pour dire : Vous mentez,

A ces prêtres rusés qui te vendent la joie.

Noble et pure Iolis, te voilà donc la proie

De cet homme qui vit dans le palais divin.

Néron ne t'a pas vue, ou tu le fuis en vain !

Que les dieux par pitié permettent que tu passes

Dans ce palais sans voir la plus vile des faces

Qui, jamais, de la terre à leur ciel se levant,

Les ait fait repentir de leur ouvrage. O vent

Qui frôles cet amas de vieilles immondices,

Haleine dépravée, air de ces édifices,

O poisons enivrants, — rapides et mortels,

Encens des dieux impurs, le seul de ces autels ;

Discours des affranchis et rires de l'esclave ;

O souillures, dont rien, hormis la mort, ne lave,

Amours du maître, enfin ! vous n'avez jamais eu

A ternir de plus chaste et plus noble vertu.

Oh ! le monstre a sur toi la prunelle arrêtée...

C'est Polyphème soûl qui flaire Galatée.

Dans ce palais aux murs de jaspe recouverts,

Dont le fol ornement ruine l'univers,

Dans cette salle d'or qui n'est qu'un antre infàme,

Ce Gracchus insensé dresse un lit pour sa femme !

Quand l'abîme est si près, le vertige nous prend.

Ce maître que j'abhorre, oh ! comme il vous comprend,

Romains dégénérés, et que les dieux sublimes

Doivent rire de nous qui souffrons tous ces crimes !

SCÈNE III

DONATELLA, IOLIS. Amies d'Iolis, puis NÉRON, NARCISSE.

UNE AMIE.

Honneur aux dieux ! — honneur à César tout-puissant !

La noble mariée en ce palais s'avance ;

La pudeur sur son front, unie à l'innocence,

Se dore au doux reflet de son bonheur naissant.

Honneur aux dieux ! — Honneur à César tout-puissant !

UNE AUTRE.

O ma sœur ! sur ta joue un feu divin descend,

Et tes regards mouillés ont des lueurs d'opale ;

Tu viens de l'Orient comme Phœbé la pâle,

Et verses le bonheur sur nous en t'avançant.

Honneur aux dieux ! — Honneur à César tout-puissant !

IOLIS.

Arrêtez-vous, mes sœurs, dans le grand vestibule.

DONATELLA, bas, à Iolis.

Devant ce triste seuil ton courage recule ;

On entre vierge ici, — sais-tu comme on en sort?
Iolis, le sais-tu?

IOLIS.

Qu'ai-je à craindre?

DONATELLA.

La mort!

IOLIS.

Rien que cela! — Vieillard, crois-tu que tu m'effrayes?
Tu viens jouer ici le rôle des orfraies?
Ah! pauvre Augure! à moi tu t'adresses fort mal.

DONATELLA.

Il en est temps encor, fuis cet endroit fatal!
Fuis au nom de ton père! En la splendide chambre
Où l'esclave africain aux trépieds jette l'ambre;
Où l'onde, en jaillissant, parfume les bassins;
Où sur le lit de pourpre on dresse les coussins;
Où viendra te sourire, ô vierge! un nouveau maître,
Tu mourras, survivant à ton honneur peut-être
La nuit entière!

IOLIS.

Il faut que je t'aie entendu
Ailleurs. — En souvenir cette voix m'a rendu

Ma seconde patrie à l'autre préférée.

Donatella soulève son voile.

Ah ! je te reconnais.

DONATELLA.

O joie inespérée !

Oui ! tu dois, noble enfant, reconnaître ce front
Que tes mains ont pansé.

IOLIS.

Ceux-là vous trahiront
Qui vous savent ici.

DONATELLA.

Pour toi seule je tremble
Dans ce palais ! Gracchus, quand vous serez ensemble,
Saura-t-il te défendre ? Ah ! j'ai peur de demain.
Le poignard de Lucrèce est trop lourd pour ta main.

IOLIS.

Vieillard ! je suis de Rome, et le sang de mes pères
Me réchauffe si bien, que j'entre en ces repaires
Du crime en souriant ! Oui, mon cœur me le dit,
J'échapperai sans tache à ce destin maudit !
Aujourd'hui sur ce cœur je te permets le doute,
Mais pas demain ! Crois-moi, toute la nuit écoute
Sans crainte à cette porte où tu viendras jouer.

DONATELLA.

Moi !

IOLIS.

Tu n'entendras rien qu'on ne puisse avouer.

DONATELLA.

Noble enfant ! que les dieux te prennent sous leur garde !

IOLIS.

Que m'importent tes dieux ? La tâche me regarde !

DONATELLA.

Voile-toi ! C'est Néron !

On entend un grand bruit, et Néron, porté en litière, traverse le vestibule. Narcisse et les gardes le suivent. Néron, de sa litière, fait un
signe à Narcisse en lui montrant Iolis, immobile et voilée.

Pauvre enfant ! tu lui plais !

NARCISSE.

C'est la femme, o César, du préfet du palais,
Que vos regards divins sous ce portique ont vue !

NÉRON.

Cette femme est très-belle !

Ils sortent.

DONATELLA.

Ah ! ce regard la tue !

Il se rapproche d'Iolis... Gracchus paraît à la porte de ses appartements.

A Iolis.

Iolis, votre époux sur le seuil vous attend.

IOLIS.

A part.

Adieu! j'entre sans peur! Dieu me voit et m'entend!

GRACCHUS.

Que la corde des luths à cette porte vibre!

Ils sortent.

DONATELLA, seul.

Une autre fois encor, si Rome devient libre

Par l'innocente main d'une femme, ô grands dieux!

Vous ferez de leur ciel un séjour radieux!

Livrez à cet enfant César et son empire,

Grands dieux de la patrie! et que Rome respire!

FIN DU PREMIER ACTE.

ACTE II

LA CHAMBRE NUPTIALE D'IOLIS

SCÈNE PREMIÈRE

IOLIS, LES AMIES D'IOLIS.

UNE AMIE.

O triste mariée ! ô ma sœur ! il est temps
De tarir vos longs pleurs. Les coussins éclatants
Attendent que l'épouse en leur pourpre se couche !
Oh ! nous voudrions voir sur votre pâle bouche
Un sourire ! — C'est l'heure où sourira toujours
La vierge au cœur longtemps curieux des amours. —
Faut-il que, pour bannir une pensée amère,
L'encens sur ces trépieds brûle pour Vénus mère ?

IOLIS.

Non, mes sœurs : à Vénus je ne demande rien.

Je suis faible ce soir, servez-moi de soutien,

Et restez près de moi le plus longtemps possible.

A vos souhaits charmants mon cœur triste est sensible.

Vos voix ont la fraîcheur des parfums du matin,

Et me parlent toujours de ce pays lointain

D'où nous sommes ensemble, ô mes sœurs! revenues,

Y laissant loin de nous ces choses inconnues

A Rome, — le ciel pur, — les soupirs amoureux.

Des palmiers frémissants ou des cèdres ombreux,

Et la plage où chantait la mer orientale!

Aux rives de Samos, aux vallons du Mycale,

Le bonheur de nos jours, ô mes sœurs! est resté.

Il charma notre enfance, et nous l'avons quitté;

En vain nous espérons qu'ailleurs il nous sourie :

Il ne sait pas changer comme nous de patrie!

Le bonheur était là. N'y pensons plus! mes sœurs.

UNE AMIE.

Pourquoi, noble Iolis, éveiller dans nos cœurs,

Quand nous venons à vous avec des chants de fête,

Cet ennui que l'exil, à Rome, nous apprête?

Vous, femme de Gracchus, vous qui serez ici

Honorée et puissante, oh! quel est le souci

Qui fait couler vos pleurs au seuil de cette vie?

Quand toute autre Romaine en eût été ravie,

Vous semblez dédaigner votre félicité!

Laissez-nous la douleur et gardez la gaieté.

Rome est votre patrie, et ce n'est point la nôtre.

IOLIS, à part.

Leur sort est de pleurer. Dieu m'en réserve un autre.

A ses amies.

Quels sont les cris joyeux que j'entends bruire autour

De ces appartements, et quel est ce grand jour

Qui perce les rideaux quand la nuit est sans lune?

UNE AMIE.

Ignorez-vous, ma sœur, que ce soir, à la brune,

Le jardin de César flamboie illuminé,

Et que le peuple y vient, par ses prêtres mené,

Voir brûler des chrétiens tout enduits de résine

Comme de grands flambeaux! L'empereur illumine.

IOLIS.

Sortez!

Elles sortent.

SCÈNE II

IOLIS, seule.

Suis-je vivante ! A ce fou couronné

Notre triste destin est donc abandonné?...

Regarde, Roi des cieux, les jeux des rois du monde !

Plus haut que la pitié la colère en moi gronde.

Oui, je viens pour lutter contre ce géant-là.

A cette œuvre de sang quel orgueil m'appela?

Quel ange tentateur m'est venu, dans un rêve,

Pour ce meurtre sans nom mettre en les mains un glaive?

Ma force ne peut plus porter ma passion...

Quoi ! mon cœur frémirait devant sa mission ;

Non ! la foi me conduit, et c'est la foi qui sauve :

Néron viendra trouver la mort dans cette alcôve !

J'en ai depuis longtemps l'affreux pres·entiment...

La voix qui me le dit tout bas jamais ne ment.

Je suis belle, et le cœur de César est sensible !...

Elle ouvre les rideaux.

Pour des croyants d'hier quelle épreuve terrible !

Que votre sang qui brûle, ô martyrs éclatants !

Fasse enfanter au sol de nouveaux combattants.

Chrétiens ! les nations, de leur chute alarmées,

N'espèrent plus qu'en vous, et le dieu des armées

Saura récompenser votre courage ardent.

Le vieux monde s'éboule en ruine, pendant

Que votre peuple saint s'avance et multiplie,

Et, suivant la parole avant l'heure accomplie,

La puissance de Dieu vit au milieu de vous.

Dans ces feux dévorants, sans plainte ni courroux,

En priant vous mourez ! Votre maître vous donne

Le courage divin qui souffre et qui pardonne.

De vos persécuteurs j'avais rêvé la mort,

Je voulais vous venger... Mes frères, j'avais tort.

Arrière, ô tentateur ! Je veux mourir semblable

A la blanche brebis qu'on arrache à l'étable,

Et qui lèche en jouant la main qui tient le fer !

Rien qu'en songeant au crime, hélas ! j'ai trop souffert,

De vos seules douleurs, martyrs, je suis jalouse !

SCÈNE III

IOLIS. GRACCHUS.

IOLIS.

Salut à vous, seigneur.

GRACCHUS.

Salut, ma jeune épouse ;
Les dieux vous ont bénie, et jamais la beauté
N'a lui dans un regard avec plus de fierté !
J'avais porté mes vœux bien haut ! — Le ciel protége
Qui vous aime ! — Avez-vous éloigné ce cortége ?
D'être seul avec vous je suis si désireux !
Vous pleurez... Iolis, quels soucis douloureux...

IOLIS.

Je pleure ces chrétiens que votre maître brûle.

GRACCHUS.

Grands dieux !

IOLIS.

Est-ce d'horreur que mon époux recule

Ou d'effroi? Regardez tous ces vivants flambeaux!

N'est-ce pas que les jeux de l'empereur sont beaux?

Regardez donc.

GRACCHUS.

Néron est le maître suprême.

Quoi qu'il ordonne, Rome obéit; Rome l'aime.

Il rend le peuple heureux, on l'adore à genoux.

IOLIS.

Vous osez excuser Néron devant moi! vous

Qui savez qui je suis! — Mon âme à ce supplice

Pourtant s'était vouée et devenait complice, —

En croyant obéir, — de cette lâcheté!

Il faudrait que toujours je vécusse à côté

D'un flatteur de Néron, habile à lui complaire,

Parce que vous avez, dans un jour de colère,

Sacrifié l'enfant qui soignait vos vieux ans,

O mon père! Eh bien, non! Reprenez vos présents,

Gracchus! Je mourrai vierge!

GRACCHUS.

Ah! de votre tendresse

J'attendais mieux!

part.

Quel trouble auprès d'elle m'oppresse!

Et pourtant, du bonheur que je m'étais promis,

Je m'enivrais d'avance! O dieux! vous avez mis

Dans mon lit nuptial ou sa haine ou ma honte!

IOLIS.

Écoutez! jusqu'à nous le cri des mourants monte.

GRACCHUS.

Enfant, à votre ami ne répondrez-vous rien?

IOLIS.

Vous, l'ami de Néron, vous n'êtes plus le mien.

GRACCHUS.

Votre cœur est sensible et la pitié l'égare.

Écoutez-moi : si près des dieux Néron s'effare

En voyant, tout là-bas, les mondes sous ses pieds!

On l'encense, et pour lui s'allument les trépieds;

On sable d'or l'allée où seul il se promène;

On destine à sa fête une hécatombe humaine;

On se tue à son ordre, et cet ordre surprend

L'exilé dans la Gaule ou dans l'Afrique errant,

Comme le sénateur qui tremble sur sa chaise!

Il n'est pas en ce cœur de passion mauvaise

Qui ne trouve, aussitôt qu'elle paraît au jour,

Cent flatteurs empressés de venir tour à tour

L'exciter lâchement : sous leur souffle agrandie,

La moindre flamme alors devient un incendie.

J'ai fait ce qu'avant moi, — madame, — chacun fit.

Néron est tout-puissant, et cela nous suffit;

La foule nous envie et nos riches demeures;

Elle ignore à quel prix nous achetons nos heures

De vie et de puissance une par une. Attends,

De bassesse et de sang j'ai parlé trop longtemps :

Change en pitié pour nous tes mépris! L'heure arrive

Où le maître est lassé que son courtisan vive :

Il en préfère un autre. Alors Locuste vient.

… Le festin est joyeux. Le courtisan qui tient

Pour la libation sa coupe d'or levée

Sourit, — de ses désirs croyant l'heure arrivée…

Néron lui dit de boire… il essaye, — il est mort.

Les convives ont froid; mais, quel que soit l'effort,

Il faut sourire au maître. Une sonore boule

Que tenait à la main César, dans l'urne roule,

Et deux esclaves noirs emportent le buveur,

Car César ne veut pas que les autres aient peur.

JOLIS.

La peur n'excuse pas le crime. Votre femme,

— Vous le savez, Caïus, — avait gardé son âme

Pure de tout amour, quand, sans la consulter,

Un père ambitieux s'empressa d'accepter

Le préfet du palais pour époux de sa fille.

Il est vrai qu'entre tous, Caïus, votre rang brille,

Qu'il vous donne pouvoir et richesse. Pourtant

Vous avez dû penser que ce rang éclatant

Que vous me promettiez dans Rome obéissante

N'était pas, sous Néron, de ceux dont le prix tente.

Ma résignation n'avait point un air gai.

L'eau froide cependant, sous mon œil fatigué,

Pour un jour effaça la trace de mes larmes.

Vos amis n'ont rien vu de mes sombres alarmes;

Mais vous, Caïus, mais vous à qui j'avais tout dit,

Qui marchiez près de nous quand mon père entendit

Ce cri honteux sortir de la foule pressée :

« Encore une maîtresse, — encor du gynécée

« Une fille de Rome amenée à César. » —

Caïus! Caïus! comment pouviez-vous croire au fard

Sur ma joue étalé, lorsqu'au fond de votre âme

Vous aviez les secrets de ma pâleur!...

GRACCHUS.

L'infâme

Qui vous a dans la rue insultée aujourd'hui

Sera puni demain.

IOLIS.

Qui vous parle de lui?

D'ailleurs, il a dit vrai. Je suis épouvantée

De savoir que Néron me tient à sa portée.

GRACCHUS.

Grands dieux! que dites-vous? Néron n'est pas ici.

IOLIS.

Néron m'a vue!

GRACCHUS.

O ciel!

IOLIS.

Vous semblez tout transi!

Oui, Gracchus, il a dit que ta femme était belle!

Voilà l'antre où je suis! Cette pâleur mortelle

Me fait douter des coups que portera ta main.

S'il vient me voir, Gracchus, m'aimeras-tu demain?

GRACCHUS.

Contre les dieux puissants je saurais te défendre.

IOLIS.

Tu sais bien que les dieux ne viendront pas me prendre ;
Ne parle pas des dieux, il s'agit de César.

GRACCHUS.

A demain les soucis... et la crainte. Il est tard,
Iolis...

IOLIS.

S'il est tard, que mon époux sommeille.
Moi je reste debout cette nuit, — et je veille...

Silence.

UNE VOIX, au dehors.

Au préfet du palais l'empereur veut parler.

IOLIS, lentement.

Comprenez-vous pourquoi l'on vient vous appeler ?

GRACCHUS.

Je n'irai pas.

IOLIS.

Votre âme enfin se montre grande ;
Soyez digne de moi, Caïus.

LA VOIX.

César demande
Le préfet du palais !

GRACCHUS, agité.

Encor!...

LA VOIX.

César attend.

GRACCHUS.

Encore! O cri sinistre! on tremble en t'écoutant!

LA VOIX.

César attend!

GRACCHUS.

César! et c'est moi que l'on nomme!

JOLIS.

Vieux Gracches, levez-vous! Des veines de cet homme

Que votre sang remonte au cœur pour l'étouffer.

Néron attend! Vas-y, Gracchus!

Il sort.

SCÈNE IV

JOLIS, seule.

Viens réchauffer

Mon courage, Esprit-Saint! Donne à mon âme émue

Cette foi qui soutient, cette foi qui remue

Les montagnes, et fait se diviser les mers.

Esprit-Saint, chasse au loin tous mes doutes amers

Sur le crime inouï que cette main prépare.

Ai-je tort? Dieu me voit. Tout le monde barbare,

Tout le monde romain souffre de Néron seul;

Je tiens la liberté de tous dans son linceul.

Grand Dieu! vous écoutiez tant de voix alarmées

Quand vous m'avez conduite ici, les mains armées!

D'ailleurs, il sera bien, cet homme, assez puissant

Une heure encore, après sa mort, pour qu'en mon sang

Le crime soit lavé! C'est lui!

SCÈNE V

IOLIS, NÉRON, NARCISSE.

NÉRON, à Narcisse.

Veille à la porte;

Et, si Gracchus échappe aux mains de la cohorte,

Frappe-le, mais sans bruit.

NARCISSE.

Les dieux gardent César !

Il sort.

NÉRON.

Épouse de Gracchus, ce soir même un regard

Tombé sur votre front lui vaut le diadème !

Mortelle, rendez grâce aux dieux, César vous aime !

IOLIS.

Pour moi de l'empereur immense est la bonté.

NÉRON.

Cette nuit il vous daigne admettre à son côté,

Dans ce lit adoré que toute femme envie.

IOLIS.

A César je devrai la gloire de ma vie.

NÉRON.

D'amour pour vous le cœur de César est rempli.

IOLIS.

Cet amour pour jamais sauvera de l'oubli

Le nom de ma famille !

A part.

Où donc est mon courage ?

Ma main tremble au moment de son terrible ouvrage !

Néron l'entraîne dans l'alcôve.

NÉRON, frappé, d'une voix mourante.

Oh! mon sang!

IOLIS.

J'ai tué! que mon bras soit maudit!
Je ne sais pas chanter la mort comme Judith.
J'ai frappé le méchant, mais de cette victime
Jusqu'à moi dans le sang a rejailli le crime!
Le crime emplit mon cœur, le sang couvre mes mains.
C'est au nom de celui qui sauva les humains
Que j'ai tué! L'orgueil m'a donné le délire!
Où suis-je? Près de moi quel est ce bruit de lyre?...
C'est le vieil exilé qui chante mon forfait!
Entrez.

Elle ouvre une porte, Donatella paraît.

SCÈNE VI

IOLIS, DONATELLA.

DONATELLA.

Néron tué!...

IOLIS.

Par moi!

DONATELLA, soulevant Néron.

Qu'a-t-elle fait?

Lui, que le sang versé fait tressaillir d'ivresse,

S'évanouit devant le sien! Elle ne blesse

Que pour quelques instants, votre innocente main!

Lorsque j'aurai tué César, jusqu'à demain

Où le cacherons-nous?

IOLIS.

Ah! Dieu sauve mon âme

Du meurtre malgré moi!

DONATELLA.

Tuer ce monstre infâme,

C'est...

IOLIS.

Personne à présent ne tuera plus ici!

DONATELLA.

Je le ferai pourtant sans crainte ni merci!

IOLIS.

Vous ne le ferez pas si je suis la plus forte'...

DONATELLA.

Vous avez parlé haut, Narcisse est à la porte.

IOLIS.

Je l'avais oublié!... Fuyez!

Narcisse entre.

Il est perdu!

NARCISSE.

O quel affreux forfait! César est étendu
A leurs pieds! Accourez, César dans le sang baigne!
L'empereur est mort!

Les gardes entrent.

DONATELLA.

Non! sans que Rome nous plaigne,
César nous fera voir, demain, qu'il n'est pas mort.

NARCISSE.

Les coupables sont là. Pendant que Rome dort,
Emmenez-les sans bruit, et sachez tous vous taire.

IOLIS.

Mon père! te verrai-je au moins?

DONATELLA.

Pas sur la terre.

FIN DU DEUXIÈME ACTE.

ACTE III

UNE GRANDE SALLE DU PALAIS DE NÉRON

—

SCÈNE PREMIÈRE

NÉRON, NARCISSE.

NÉRON.

Où sont les malheureux qui m'ont vu cette nuit?

NARCISSE.

Maître, je les ai fait disparaître sans bruit.

Il sort.

NÉRON, seul.

Il reste deux témoins de ces affreuses scènes ;

C'est un fardeau trop lourd pour des âmes humaines,

Ce secret : — ils ont vu César évanoui !

Ils l'ont pu contempler en face ! Ils ont joui !

11

C'est à moi, — maintenant qu'ils sont tous deux ma proie,
D'en tirer, si je puis, une aussi grande joie !
Qu'inventer de nouveau, d'inconnu, d'inouï,
Pour leur crime : ils ont vu César évanoui !
Croient-ils qu'il soit possible un jour que Néron meure ?
Peut-être ! les grands dieux sont méchants. A toute heure
Fume sur les autels tant d'encens pour Néron,
Qu'ils seront envieux et le jalouseront.
Que m'importent les dieux quand je suis sur mon trône !
De Jupiter sublime au plus stupide faune,
De l'Olympe aux enfers aucun dieu ne me vaut,
Car mes coups vont plus loin et tombent de plus haut
Que leur tonnerre aveugle, égaré dans la nue !
Ma puissance en ce monde est sans borne connue,
Mes proconsuls n'ont plus devant eux d'ennemis,
Ils touchent un rivage et le trouvent soumis.
Nul ne pourra troubler l'empire que je fonde,
Et Rome pour toujours est la tête du monde.
Mais pour un tel destin, ô Rome ! je te veux
Splendide et sans égale, et cette nuit, aux feux
D'un sanglant incendie, à mon ordre, livrée,
De flammes et de mort tout entière entourée,

Je t'étouffe, et balaye un immense terrain

Pour y bâtir à l'aise, au peuple souverain,

La superbe cité dans mes songes vivante,

Qui sera digne enfin de celui qui l'invente.

Quel Dieu du ciel alors au Dieu du monde humain

Osera s'égaler? Et pour César demain,

Quand il s'éveillera, qu'il fera bon de vivre!

Ah! je me sens heureux, et mon œuvre m'enivre!

Rome! l'éternité que dans les anciens temps

La sibylle a promise à tes murs éclatants,

Je l'anéantis! Mais, en renaissant plus belle,

Tu viendras prendre part à ma gloire nouvelle,

Tu viendras prendre part à mon éternité,

Et rien n'égalera, sous le ciel, ta beauté!

Que vois-je? — ici, Narcisse!

Narcisse entre.

Encor du sang qui tombe

Sur ma robe! Regarde! O réveil de la tombe!

J'avais tout oublié! Qui te fait accourir?

Qu'as-tu? Que me veux-tu? Mes secrets font mourir.

NARCISSE.

J'étais seul à veiller!

NÉRON.

Seul? seul? tu sais des choses

Qui t'anéantiront, si jamais tu les oses

Répéter sur la terre!

NARCISSE.

O César! quand mes jours

Vous déplairont, d'un mot arrêtez-en le cours.

NÉRON.

C'est bien. Que Locuste entre. — A des crimes semblables

Manquent les châtiments! — Que faire des coupables?

Narcisse sort.

Je ne sais qu'inventer! Quel ennui de punir!

— J'ai demandé Locuste, — elle tarde à venir.

SCÈNE II

NÉRON, LOCUSTE.

LOCUSTE.

Empereur, vous m'avez fait appeler!

NÉRON.

Locuste,

J'ai besoin d'un poison qui fasse mourir juste

A l'instant où la coupe aux lèvres a touché.

LOCUSTE.

O mon maître! voici dans ce petit sachet

Un poison dont l'effet est plus prompt que la foudre,

Il se mélange au vin.

NÉRON.

Montre-moi cette poudre.

C'est bien; mélange-la comme il faut à ce vin.

A part.

Ce pouvoir de tuer brusquement est divin;

Cette poudre n'est rien; on secoue une bague

Sur une lèvre aimée, et comme une ombre vague

L'âme s'évanouit, et le corps, déjà lourd,

Retombe de nos bras, sans bruit, dans le lit sourd.

La bouche, en se pâmant, boit une vie humaine

Dans un baiser! — Eh bien?

LOCUSTE.

Maître, la coupe est pleine.

NÉRON.

Quel éclat le poison à ce vin a donné!

Qu'il est beau! — Fais deux parts du vin empoisonné.

Qu'on m'amène un esclave, ou trois, pour qu'on enlève

Le cadavre aussitôt. — Va !

Locuste sort.

Le cœur se soulève

Quand on voit trop longtemps l'image de la mort.

Locuste rentre avec trois esclaves, et Narcisse.

NÉRON, *au premier esclave.*

Bois cela !

Locuste lui présente une coupe.

L'ESCLAVE.

Maître juste, ai-je commis un tort,

Pour qu'on me tue ? Oh ! vivre est si doux !

NÉRON.

Pourquoi faire ?

Bois ce vin ! — Je suis sûr que son goût va te plaire.

L'ESCLAVE, *buvant.*

Aux dieux sauveurs de Rome !

Il tombe.

NÉRON.

Ah ! Locuste ! merci.

Aux esclaves.

Ce cadavre fait mal ; emportez-le d'ici.

Les esclaves sortent.

Femme ! ton art est grand ! César est un artiste,

Il en connaît le prix. — Sa pensée était triste,

Et tu lui rends le calme et la sérénité.

LOCUSTE.

Du divin empereur je bénis la bonté !

Elle sort.

NÉRON, à Narcisse.

Avec quelques soldats, choisis dans la cohorte,

Fais entrer les captifs qu'on garde à cette porte,

Et va chercher Nasus.
Il sort.

Ah ! je verrai les pleurs,

Froide Iolis !

Les gardes font entrer Iolis, Gracchus et Donatella, et un instant après
Narcisse amène Nasus.

SCÈNE III

NÉRON, IOLIS, GRACCHUS, DONATELLA, NASUS,
NARCISSE, Gardes. etc.

IOLIS. courant à son père.

Mon père, après tant de douleurs,

Je n'osais espérer cette suprême joie !

Comment a-t-il permis, père, que je vous voie ?

NASUS.

Ma fille, d'où viens-tu ? ta pâleur a jeté

D'affreux pressentiments dans mon cœur agité.

Que me veut-on ici ? Pourquoi ces fers, ces armes ?

Pourquoi ma fille pâle et les yeux pleins de larmes ?

Pourquoi Gracchus muet ? Néron, que me veux-tu ?

NÉRON.

César veut éprouver ton austère vertu.

Noble Nasus, ta fille est coupable et perverse.

NASUS.

Quelle horrible lueur soudainement traverse

Mon âme épouvantée ! Iolis, qu'as-tu fait ?

Tes yeux sont égarés, ton visage est défait !

IOLIS.

Mon père, écoutez-moi. Ma couche nuptiale,

Témoin d'un crime lâche, en cette nuit fatale,

De mon courage au moins pourra s'enorgueillir !

En frappant ce Tarquin, je n'ai fait qu'obéir

A l'instinct qui demeure au sang de ma famille

De sauver, à tout prix, notre vertu !

NASUS.

Ma fille!

'As-tu frappé Néron?

IOLIS.

Je l'ai blessé.

NÉRON.

Non pas!

Il est invulnérable aux poignards d'ici-bas!

On n'atteint pas César! — Non, sa mort et la tienne

Laveront l'autre crime. Iolis est chrétienne.

NASUS.

Est-ce vrai?

IOLIS.

Qui l'a dit?

NÉRON.

Niez-le.

IOLIS.

Je le suis!

Oui! de ce nouveau Dieu qui te fait tant d'ennuis,

O César! dans mon cœur je garde la foi pure.

Je suis faible, — et pourtant à ta face je jure

De vivre et de mourir sans manquer à ma foi.

La force et les bourreaux ne pourront rien sur moi.

Si tu me brûles comme on a brûlé les autres,

Plus pure au ciel j'irai rejoindre nos apôtres.

Tu verras dans le feu mon front rester serein.

Tes humides cachots ont des anneaux d'airain,

Mes bras s'y flétriront avant que je me plaigne.

Mourir, c'est affranchir son cœur, quand Néron règne.

NÉRON.

Nasus, ta fille est folle ! Elle insulte les dieux !

IOLIS

Tes dieux, je les connais, ô maître de ces lieux !

Ce sont l'orgueil, le meurtre et la concupiscence,

Ceux qu'a vomis l'enfer dans son jour de puissance.

NÉRON.

Nasus, prends cette coupe où le vin est versé,

Et bois à la raison de l'enfant insensé

Qui jusque sous les pieds de l'empereur blasphème.

IOLIS.

Non ! non ! ne buvez pas, ô mon père que j'aime !

La coupe de César est pleine de poison.

NASUS.

A Néron.   A Iolis.
Tu seras satisfait. — Arrière ! en ma maison

On adore les dieux anciens, — de qui nos pères
Ont, sous un ciel clément, reçu des jours prospères,
Tu les as blasphémés, tu n'es plus mon enfant.

IOLIS.

Mon père me maudit. César, sois triomphant!
Est-ce, au seuil de la mort, notre adieu de famille?
Mon père, oubliez-vous que je suis votre fille?

NASUS.

Vous n'êtes plus ma fille!

IOLIS.

                    Avez-vous recueilli
Le soupçon d'une faute? — Ai-je mal obéi
A vos ordres, — mon père, — ou manqué de tendresse
En soignant jour et nuit votre noble vieillesse?
Auriez-vous donc en moi surpris un changement
Depuis quatre ans bientôt que je crois ardemment
Dans le vrai Dieu, — le seul qui règne sur les âmes?
N'ai-je pas épousé, moi, chaste entre les femmes,
Sur un désir de vous, ce malheureux Gracchus?
De l'amour filial qu'attendiez-vous de plus?
Lier ma vie aux jours d'un courtisan qui tremble!
     A Gracchus.
Éloignez-vous, Gracchus, et laissez-nous ensemble.

GRACCHUS.

Iolis, dans mon cœur vous retournez le fer !
Autant que vous, depuis cette nuit, j'ai souffert...
Ah ! peut-on se jouer des craintes qu'on inspire !
Je tremblais ! — mais pour vous !

NASUS.

Regarde le martyre
D'un des derniers Romains, César, et sois content !

Il lève la coupe.

IOLIS.

O mon père !

GRACCHUS.

Arrêtez !

NASUS.

A quoi bon parler tant ?
Mes yeux sont fatigués de ne voir que des crimes :

Il boit.

A la mort de César, au nom de ses victimes !

Il tombe.

IOLIS.

Il est mort ! il est mort ! et sans me pardonner !

NÉRON.

Cette fille m'ennuie ; esclave, fais traîner
Le proconsul au Tibre, et que cela finisse !

DONATELLA, à Iolis.

Il songe à nous. — Pour vous je tremble.

IOLIS, lui serrant la main.

Ami!

NÉRON.

Narcisse!

Fais-les jeter tous deux dans l'antre des Gaulois!
La vierge y sera bien. — Va!

NARCISSE.

César, ils sont trois.

NÉRON.

Je pardonne à Gracchus : — il porte un nom qu'à Rome
On tient en grande estime, et je le garde comme
Mon cinquième bouffon.

GRACCHUS.

Saint empereur! merci!

A part.
Nous nous retrouverons.

NÉRON.

Que l'on sorte d'ici!
Les gardes emmènent les prisonniers.
Narcisse, va chercher tout le chœur d'hétaïres

Et les beaux enfants noirs que par quatre navires

J'ai reçus d'Orient. Je me sens bien en voix.

Donne ma lyre. — Après les travaux que je dois

Au bonheur des sujets que mon empire embrasse,

Il est temps que je chante et que je me délasse.

FIN DU TROISIÈME ACTE.

ACTE IV

LA PRISON DES GLADIATEURS

SCÈNE PREMIÈRE

DONATELLA, IOLIS, le Geôlier, les Gaulois

DONATELLA, au geôlier.

Par pitié ! pas de bruit, car le cri de ces gonds
Causerait notre mort.

Le geôlier sort.

IOLIS.

Dans la fosse aux lions
Daniel reste dix jours nourri par le prophète.
Que du Dieu tout-puissant la volonté soit faite !

DONATELLA.

Je ne sais de leurs bras qui pourra vous sauver.

IOLIS.

Pour le savoir, mon père, il suffit de lever

Les yeux au ciel !

DONATELLA.

Pour nous, le ciel est cette voûte !

IOLIS.

L'œil ne voit jamais rien, hélas! quand l'âme doute.

Vous semblé-je effrayée en face de la mort?

Ai-je un instant maudit mon détestable sort?

Ce lit qui s'ouvre à moi dans sa honte éclatante,

Et nos frères qu'on brûle, et l'empereur qui tente

Un crime qu'il me faut par un crime arrêter;

Mon père qui maudit, sans vouloir l'écouter,

Sa malheureuse enfant, et meurt à cause d'elle :

Enfin notre prison implacable et fidèle.

Voilà depuis un jour les passe-temps que j'ai !

En voyez-vous pourtant mon cœur découragé?

Non, vieillard! devant moi se lève une aube pure,

Et ma route, à ses feux sublimes, devient sûre:

Car je connais un Dieu dont l'immense bonté

Ouvre un ciel au martyr du monde rejeté !

Tous les gens rassemblés sous le Dieu que je prie

N'ont plus qu'une espérance et plus qu'une patrie

Romain, barbare, esclave ou maître, devant lui

Nous sommes tous égaux et frères aujourd'hui ;

Pour tous, après la mort, égale est sa justice,

Et, s'il en est parfois qu'entre nous il choisisse,

Ce sont les plus petits et les plus malheureux !

DONATELLA.

J'aime ton Dieu.

IOLIS.

Soyez chrétien !

DONATELLA.

Enfant, tu veux

Que la cendre glacée à ton souffle s'enflamme.

Du vieux Donatella le doute remplit l'âme,

Il ne lui reste plus la force d'espérer.

Il aimait sa patrie, il lui faut la pleurer.

Il avait un enfant, une femme adorée ;

Quand César l'exila, sa famille éplorée

Aurait voulu là-bas le suivre ; on le défend.

Et loin de lui sont morts et la femme et l'enfant.

Il avait des amis à remplir sa demeure :

12.

César en a tué quelques-uns, il les pleure ;

Les autres sont vivants, il les méprise tous !

IOLIS.

Dieu vous consolerait.

DONATELLA.

   Jadis vivre était doux.

Dans ma maison d'Ostie, où le vent sous la treille

Apportait des coteaux et de la mer vermeille,

Le soir, de frais parfums, j'ai senti dans mon cœur

Plus d'une fois, enfant, tressaillir le bonheur.

Je contemplais ma femme à l'heure d'être mère,

Je feuilletais Platon, ou du divin Homère

Aux flots harmonieux je récitais les chants...

Je rêvais, j'oubliais le monde et les méchants.

IOLIS.

Vieillard, notre patrie est encore plus belle,

Et l'âme, en y songeant, jouit d'être immortelle !

DONATELLA.

Tu voudrais que je crusse à l'immortalité

Quand je trouve nos jours trop longs ! Ah ! j'ai douté

De tout, et maintenant de tout je désespère.

Et je suis altéré du néant.

IOLIS.

Vous, mon père!

DONATELLA.

La mort n'a plus de prix; ignoble est le danger.

IOLIS.

Vieillard, est-ce à l'enfant de vous encourager?
Des apôtres de Dieu disciple jeune encore,
J'ai de la foi nouvelle à peine vu l'aurore;
Mais la bonne parole est simple et sans détour :
Elle enseigne que Dieu, créateur de nos jours,
A fait naître son fils de la Vierge Marie
Pour qu'il nous rachetât l'éternelle patrie,
En souffrant et mourant pour nous. Sur nós chemins
Il passa, répandant l'amour à pleines mains;
Au monde il enseigna la vérité; puis l'heure
Arriva de souffrir! L'humanité, qui pleure,
Reprit courage enfin, voyant un Dieu venir
Partager son fardeau de peine, et soutenir
Son espoir! Et sa part du fardeau fut si lourde,
Que le Fils demanda grâce au Père. Mais sourde
Au ciel fut la justice : on le crucifia.
De ce crime inouï la terre s'effraya!

Des hommes du bas peuple aux champs de la Judée
L'avaient suivi sans cesse, et leur mémoire, aidée
Par l'esprit du Seigneur qui sur eux descendit,
Dans le monde païen en flots purs répandit
La morale nouvelle, avec foi recueillie.
Par le sage admirée, elle fut accueillie
Avec empressement par tous les malheureux,
Qui, parmi tant de dieux, n'en avaient point pour eux.
Le soleil, qui surgit à l'horizon et couvre
La terre de ses feux, comme un éclair qui s'ouvre,
N'a pas plus tôt du ciel atteint l'autre côté
Que ce culte ne fut en tous pays porté,
Et partout, maintenant, ceux qui souffrent sont frères.

DONATELLA.

J'oublie en t'écoutant mes arides colères!
Tu voudrais en ton Dieu que ce vieillard ait foi
Quand, le fer à la main, il n'en eut point en soi!
Je revenais à Rome avec l'ardente idée
D'épuiser ma vengeance, en l'exil attardée!
Ma femme, mon enfant, mes amis, tous ces morts,
— Sans compter mon honneur, — appelaient mes efforts.
Mais cette main puissante et comme à l'armée

A jouer du poignard n'est pas accoutumée.

J'ai craint de me tromper et d'être un assassin !

Ton Dieu t'avait permis de le frapper au sein,

Notre empereur !

IOLIS.

Devant les crimes de la terre

Ce qu'ordonne mon Dieu souvent est un mystère.

DONATELLA.

Des mystères toujours, des voiles sur nos yeux !

Devant l'homme jamais n'osent s'ouvrir les cieux.

— Voici quelques Gaulois qui s'approchent, ma fille,

Prends garde !

IOLIS.

En leurs regards un feu terrible brille.

J'ai peur... Sont-ils armés ?

DONATELLA.

Non. César veut dormir.

IOLIS.

Ils viennent... Sauvez-moi ! leurs regards font frémir.

DONATELLA.

Ce sont des prisonniers qu'on fait battre aux Arènes.

Ils ne sont pas armés, mais ils n'ont pas de chaînes.

IOLIS.

Oh! je voudrais mourir!

LES GAULOIS.

Une femme est ici.

— Une femme! — disons à l'empereur merci;
Depuis assez longtemps sans femme on nous enferme.

DONATELLA.

Viens dans mes bras, ma fille.

IOLIS.

Ah! rendez mon cœur ferme,
Mon Dieu! délivrez-moi de leurs barbares mains!

LES GAULOIS.

Une femme! tirons au sort.

IOLIS.

Cris inhumains!

DONATELLA.

Ma fille, ils nous tueront avant d'oser...

IOLIS.

Mon père!
Laissez-moi leur parler, l'esprit de Dieu m'éclaire. —

S'avançant vers les Gaulois.

Gaulois que César tient en ces cachots hideux

Comme des animaux destinés à ses jeux ;

Hommes libres, enfants d'une noble patrie,

Votre sang, oh ! bien plus, votre honte au ciel crie !

En est-il parmi vous qui soient chrétiens ?

LES GAULOIS.

Moi, moi...

Ne nous trahissez pas !

IOLIS.

Vous trahir ! quand ma foi,

Pour briser vos barreaux, seule à vous m'a conduite.

Avant la nuit prochaine, en guidant votre fuite,

J'espère vous prouver que je ne trahis pas.

LES GAULOIS.

Montre-nous le chemin, et nous suivrons tes pas.

IOLIS.

Grand Dieu ! qui mets parfois aux places les plus hautes

Des méchants pour venger, en punissant nos fautes,

Ta puissance insultée et ton nom méconnu,

Regarde à quels excès le crime en est venu.

Ceux qui vont par le monde enseignant la foi vraie

Sont livrés à des maux dont leur bourreau s'effraye ;

On les brûle, on les jette aux bêtes des déserts,

Ou leur cadavre nu nourrit l'oiseau des airs.

Grand Dieu! prends en pitié l'homme faible et qui souffre,

Retiens ton pauvre peuple au bord du sombre gouffre,

Et redonne à ce reste ému, persécuté,

L'espoir de t'adorer encore en liberté!

LES GAULOIS.

Malgré tout, cet espoir n'est pas mort en nos âmes!

DONATELLA.

Si je pouvais prier aussi!

IOLIS.

Voyez ces flammes!

Le ciel exaucera nos prières!

DONATELLA.

Voyez,

Gaulois, ce reflet rouge aux soupiraux grillés!

Le palais de Néron brûle!

IOLIS.

O ciel!

LES GAULOIS.

. Femme sainte,

Ta prière, — à travers les murs de cette enceinte, —

Au ciel s'est élevée, et retombe en pardon.

Oui ! de la liberté Dieu va nous faire don.

IOLIS.

De mon sein palpitant je sens frémir les fibres !
L'avenir est à nous, frères ! nous sommes libres !

SCÈNE II

LES MÊMES, GRACCHUS.

IOLIS.

Gracchus ! Ce n'est point lui, grand Dieu ! que j'appelais.

GRACCHUS.

Fuyez tous ! oui, brisez les portes du palais !
Rome brûle, fuyez sans que Néron vous voie !

LES GAULOIS.

Mort à César !

IOLIS.

Enfin j'ai de vous une joie !...

DONATELLA, aux Gaulois.

Fuyez ! Échappez-vous du palais, sans tarder !

Les Gaulois sortent.

SCÈNE III

DONATELLA, GRACCHUS, IOLIS.

GRACCHUS.

D'un œil calme à présent veuillez me regarder.

Tout en cherchant le bien, nos âmes, d'erreurs pleines,

Font le mal. — Ébloui, je ne vis point vos peines;

Le bonheur m'aveuglait, j'étais de vous si fier!

Et je ne savais pas, avant la nuit d'hier,

Qu'il est des cœurs altiers que les honneurs du monde

Ne peuvent satisfaire! A votre âme profonde

Et limpide, il faudrait l'idéal pur, ainsi

Qu'au cristal de la source un ciel bleu! Quel souci

De nos honneurs mortels pourrait prendre cette âme

Qui trouve qu'obéir à César, c'est infâme!

IOLIS.

Cet aveu m'est sensible, et j'en avais besoin.

GRACCHUS.

Je viens vous sauver…

IOLIS.

Moi! c'est prendre trop de soin

De mes jours.

GRACCHUS.

Non! il faut que je vous accompagne;

Vous vivrez loin de Rome, au fond d'une campagne;

Je vous y cacherai, nous y serons heureux.

Craignez de ce palais les détours ténébreux,

Où, tandis que le fer menace notre tête,

Souvent sous nos pieds s'ouvre une trappe secrète.

Le temps nous presse.

IOLIS.

Alors soyez humain! menez

En lieu sûr ces Gaulois par vous abandonnés

A l'aveugle hasard dans ces perfides salles.

Sur moi le crime pèse et me cloue à ces dalles;

Non! je ne sais pas fuir!

GRACCHUS.

Néron est tout-puissant.

IOLIS.

Néron a droit de mort sur qui versa le sang;
J'attends sans crainte ici la peine qui m'est due.

GRACCHUS.

Ma tendresse vous prie et n'est point entendue,
Moi qui vous apportais votre pardon! — Adieu,
Vous n'aimerez jamais!

IOLIS.

Mon amour est à Dieu!

GRACCHUS.

Votre cœur est glacé!

IOLIS.

L'aimeriez-vous mieux lâche?

DONATELLA.

Allons, ma fille, il faut accomplir notre tâche,
Et seuls debout, parmi tous ces pâles humains,
Faire voir au tyran qu'il reste deux Romains.

GRACCHUS.

Ah! nous aurions pu fuir au milieu du désordre!
Et demain l'empereur saura que par mon ordre
La prison s'est ouverte!

DONATELLA.

A cette heure il le sait!

A Iolis.

Partons!

IOLIS.

Adieu, Caïus!

(Ils sortent.)

GRACCHUS.

Dieux puissants! qu'ai-je fait!

FIN DU QUATRIÈME ACTE

ACTE V

UNE TERRASSE DU PALAIS DE NÉRON

SCÈNE PREMIÈRE

NÉRON ET SES AMIS.

NÉRON.

Illustres conviés de cette grande fête,

Nobles amis, que j'ai rassemblés sur le faîte

De cette tour, pour voir, comme la cire au fond

D'un immense creuset, Rome entière qui fond !

Oh ! dites si jamais, en ses nuits de colère,

Un roi s'est éclairé comme Néron s'éclaire !

Si, devant les sujets admis auprès de lui,

Un monarque jamais, pour chasser leur ennui,

Étala les splendeurs d'un pareil incendie !

— Dans un calme bonheur Rome était engourdie;

César, trop bon, trop faible, abreuvait de plaisirs

Son peuple efféminé par de lâches loisirs. —

Je le réveille! Il faut que la flamme retrempe

Ces guerriers abrutis, ceignant de fleurs leur tempe,

Et livrant au repos leur bras dégénéré!

Les vieux Romains sont morts; je les recréerai!

Aux quatre vents de l'air, toi qu'on dit immortelle

Je jeterai ta cendre, et la Rome nouvelle,

Que je rebâtirai sur ton sol nivelé

Étonnera les dieux dans leur ciel étoilé!

— Ma puissance n'a pas de borne en étendue,

Elle n'en aura pas en durée; et, rendue

A ce but éclatant dont les dieux sont jaloux,

Elle daigne abaisser pourtant les yeux sur vous.

LES AMIS.

César! tant de faveurs étonneront le monde.

Bruit au dehors.

NÉRON, à part.

Est-ce déjà la flamme en ce palais qui gronde?

LES AMIS.

D'un regard nous serons à jamais honorés!

Gloire à Néron !

NÉRON, vivement.

Silence ! (Il écoute.) On gravit les degrés.

SCÈNE II

LES MÊMES, NARCISSE, LES GAULOIS.

NARCISSE, effaré.

Empereur ! les Gaulois, échappés de leur fosse,
Remplissent le palais. Ils ont fait route fausse
En cherchant dans la nuit la porte d'Occident,
Et jusqu'à cette tour monte leur flot ardent.

NÉRON.

Je suis trahi !

NARCISSE.

Gracchus a fait ouvrir leur porte.
J'ai voulu rassembler la première cohorte,
Mais les soldats ont peur des cris de ces Gaulois !
Je les entends ; César les entend-il ?... Je vois...

Les Gaulois entrent.

NÉRON.

Traître ! pourquoi veux-tu que César les regarde ?

Jupiter! Jupiter! songe à ton fils et garde

Les destins de l'empire à ses mains confiés!

Romains! de ces Gaulois êtes-vous effrayés?...

NARCISSE, bas.

Restez! et que César autour de lui vous voie!

LES GAULOIS.

Le trône est vide! Où donc est César, notre proie?

NÉRON.

Que fais-tu, Jupiter, de ton bras impuissant?

UN GAULOIS, écartant les conviés.

L'odeur de la débauche, et du vin, — et du sang

Nous attire, corbeaux altérés, et nous crie :

Le parricide est là, qui brûle sa patrie.

Il saisit Néron.

Assassin d'Agrippine, es-tu prêt à mourir?

NÉRON.

Jupiter! Jupiter!

LE GAULOIS.

S'il veut te secourir,

Dis-lui qu'il en est temps.

SCÈNE III

LES MÊMES, IOLIS, DONATELLA.

NÉRON, se redressant.

C'est la chrétienne !

IOLIS.

Arrière !

Gaulois, sortez d'ici ! Quand à notre prière

Par votre liberté le ciel a répondu,

Pensez-vous que ce soit le remercîment dû,

Chrétiens, à votre Dieu, que de commettre un crime ?

LE GAULOIS.

Il est fou ! cette nuit il a pris pour victime

Rome entière ! — A nos pieds il rampe, nous l'avons

Entre nos mains ; — qu'il meure !

IOLIS.

Amis, nous nous levons

Terribles devant lui !... Pardonnons, car cet homme

Est le fléau de Dieu! Laissez-le brûler Rome!

Rome, au sceptre de fer, en tous lieux triomphant,

Vous écrasait! César vous venge en l'étouffant.

LE GAULOIS.

Pauvre empereur! tu dois la vie à cette femme.

Sans plus jamais trembler poursuis ton œuvre infâme.

L'ange exterminateur qui devait te punir

Te protége et t'accorde un nouvel avenir.
    A Iolis.
Qu'en attends-tu?

IOLIS.

    Je sais que la reconnaissance

Est un fardeau trop lourd pour la toute-puissance.

Même l'honnête cœur le porte avec effort. —

S'il songe à s'acquitter, de lui j'attends la mort.

LE GAULOIS.

Fuis cet air que corrompt l'haleine des esclaves.

Nous sommes tous armés, pleins de vigueur et braves; —

A d'autres exilés nous nous réunirons;

Tu seras notre guide, et nous t'obéirons!

Nous traverserons l'Alpe aux éternelles neiges,

Et de nos jeunes sœurs, là-bas, les blonds cortéges

Viendront en souriant, le long des grands lacs bleus,

Laver tes pieds meurtris aux rochers anguleux.

La route est rude et l'air est glacé; mais qu'importe

Quand de la liberté l'ardent espoir nous porte?

IOLIS.

Ne parlez pas trop haut de cette liberté;

C'est un bien quelquefois chèrement acheté,

Qui nous manque à l'instant où l'on s'en croyait maître.

DONATELLA.

Avant qu'ils aient le temps, tous, de se reconnaître,

Partez! je vois, aux feux de la sanglante nuit,

Dans la campagne morne un peuple entier qui fuit.

IOLIS.

Parmi ces malheureux vous trouverez des frères;

Le ciel sourit aux forts, mais non aux téméraires.

LES GAULOIS.

Nous aurions souhaité de t'avoir avec nous.

Adieu!

Ils sortent en foule.

DONATELLA.

Pourquoi rester?

IOLIS.

Je sers un Dieu jaloux.

Mourir pour lui, mon père, après avoir pu vivre

Pour lui, — voilà l'espoir dont mon âme s'enivre,

Voilà la coupe d'or où s'abreuve ma foi !

DONATELLA.

Ah ! que ne puis-je croire au même Dieu que toi !

LES AMIS DE CÉSAR.

A quoi rêve César?

NARCISSE, bas.

Son silence m'effraye !

DONATELLA.

Il tombe de son front, plus pâle que la craie,

Des gouttes de sueur qui roulent dans son fard

Et s'y teignent de sang…

LES AMIS.

A quoi rêve César?

NARCISSE.

Une flamme inconnue en ses yeux sombres couve.

SCÈNE IV

LES MÊMES, GRACCHUS

GRACCHUS.

Imprudente Iolis! enfin je vous retrouve!

IOLIS.

Iolis, par le souffle impur de l'empereur,
Est morte empoisonnée hier!

GRACCHUS.

O nuit d'horreur!

LES AMIS.

A quoi rêve César?

DONATELLA.

Ses regards sont féroces!

NÉRON, à Gracchus.

Pour me remercier de tes splendides noces,
Offre-moi le vin pur et les gâteaux de miel.
Ton flambeau d'hyménée illumine le ciel,
Cher Gracchus!

LES AMIS, se rapprochant du trône.

Bénissons César maître du monde.

Adorons sa grandeur à nulle autre seconde;

C'est de lui que la joie à l'univers descend :

Honneur, honneur et gloire à César tout-puissant !

NÉRON.

Avant de l'entraîner dans l'alcôve jalouse,

Embrasse devant nous, Gracchus, ta jeune épouse.

Elle te fuit? Pourtant elle est à toi. Romain,

Crains-tu donc de porter sur ta femme la main?

Dévoile son cou d'ambre et son épaule rose,

Et son sein qui frémit : c'est ton bien! c'est ta chose !

IOLIS, se jetant dans les bras de Donatella.

Père !

DONATELLA.

Veux-tu d'eux tous que je te délivre?

IOLIS.

Oui!

DONATELLA.

Nuit de forfaits! contemple un forfait inouï !

Il se jette sur Gracchus et lui arrache son poignard.

O noble et chaste enfant, que j'honore et que j'aime !

Viens chercher dans mes bras ton refuge suprême!

Il la couvre de son manteau.

Adieu! — pardonne-moi!

Il la frappe du poignard.

IOLIS, mourante.

Merci! Donatella!

DONATELLA, la découvrant.

Elle ne dira rien! Gracchus, embrasse-la!

GRACCHUS, aux pieds de Néron.

Empereur tout-puissant! il l'a tuée!

NÉRON, à Gracchus.

Arrière!

De plus loin à César adresse ta prière!

GRACCHUS.

Empereur! vengez-nous!

NÉRON.

Conduis-toi décemment.

S'approchant du cadavre.

Cette femme était belle, et j'étais son amant.

Je veux qu'un sculpteur grec m'en fasse la statue;

Emportez-la.

A Narcisse.

Prends garde à cet homme qui tue,

Et veille-le de près, car je t'en fais présent.

Narcisse et les gardes emmènent Donatella qui jette un regard sur le
poignard de Gracchus tombé à ses pieds.

DONATELLA.

J'aurais pu le frapper! C'est trop tard à présent!

Ils sortent.

NÉRON, à Gracchus.

Ne pleure donc pas tant sur cette comédie,

Cher Gracchus, ou tu vas éteindre l'incendie

De César avant l'aube!

GRACCHUS.

Il l'a tuée, hélas!

NÉRON.

Je serai bon pour toi, Gracchus, ne pleure pas!

Sois gai, de mes bouffons puisque tu fais partie.

— Amis! regardez Rome en la flamme engloutie!

A-t-on jamais rêvé sous les cieux rien de tel?

LES AMIS.

Gloire à César puissant, à Néron immortel!

Adorons sa grandeur à nulle autre seconde!

C'est le père du peuple et le maître du monde,

C'est de lui que la joie à l'univers descend, —

Honneur, honneur et gloire à César tout-puissant!

FIN DU CINQUIÈME ET DERNIER ACTE.

LES NUITS DE VENISE

POÈME DRAMATIQUE EN TROIS ACTES

PERSONNAGES

LUIGI.

BATTISTA RENI.

ALESSANDRA.

BIANCA.

ANNIBALE.

PAOLO.

BEPPA.

UN MOINE.

LENORA, servante.

SEIGNEURS, DAMES, ETC.

ACTE PREMIER

Une terrasse, séparée en deux par un mur d'appui. — A droite, maison
de Luigi ; à gauche, maison d'Alessandra ; au fond, le grand canal.
— Il fait nuit.

SCÈNE PREMIÈRE.

LUIGI, BIANCA, puis LENORA.

LUIGI. Il frappe à la porte de sa maison.

A Bianca.

Lenora ! — Tu tiendras fermés toute la nuit

Tes rideaux, prenant soin qu'on ne fasse aucun bruit

Dans la maison. — Adieu.

BIANCA.

Pourquoi partir de suite ?

J'ai peur de rester seule ici.

LUIGI.

Je ne te quitte

Que pour une heure à peine, étant forcé de voir

Un de mes bons amis, à qui j'ai fait savoir

Mon retour à Venise et mes projets. Cher ange,

A Lenora qui paraît.

Ne t'inquiète pas de moi. Je te dérange

De ton sommeil, Lénore.

LENORA

Enfin, seigneur, c'est vous,

Je vous croyais perdu !

LUIGI.

Tout est-il prêt pour nous ?

LENORA.

Oui, monseigneur.

LUIGI.

Conduis à sa chambre madame.

Lénore, après demain elle sera ma femme ;

A Bianca.

Elle est dès aujourd'hui ta maîtresse. Prends soin

Qu'on n'aperçoive pas ta lumière de loin,

Ma petite Bianca.

BIANCA.

Pourquoi donc?

LUIGI.

Que t'importe?

Adieu, je t'aime.

Il l'embrasse, et elle entre dans la maison. — Bas à Lenora.

Et toi veille bien à la porte.

Lenora suit Bianca.

SCÈNE II

LUIGI, seul.

Oh! comme de bon cœur riront mes ennemis
En apprenant, demain matin, que j'ai promis
D'épouser mon infante. Elle est belle, et je l'aime.
Que m'importe, après tout, leurs rires! Ce soir même
Je veux, pour nous cacher, trouver une maison
Où l'on soit à l'abri de toute trahison;
Car chez moi l'on saurait sa présence trop vite.
— Alessandra n'est pas de celles qu'on évite
Comme on voudrait. Elle a ce regard provocant
Qui force le coupable à s'excuser; et quand

Nos gondoles se sont, tout à l'heure, croisées,

Ses prunelles semblaient d'un feu sombre embrasées,

Et ma pauvre colombe en mes bras a tremblé

Sans comprendre pourquoi son cœur était troublé ;

De ces pressentiments j'ai des frayeurs étranges.

Quand, dans sa main crispée, elle a tordu les franges

Du rideau noir, ouvert brusquement, j'ai surpris

Un regard qui m'a dit qu'elle avait tout appris,

Que nous serions demain à sa vengeance en proie,

Et que c'en était fait de ma céleste joie !

D'une femme ai-je peur ? J'en ai peur pour l'enfant

Que contre elle déjà mon cœur si mal défend !

Elle rentre trop tôt.

Une gondole aborde l'escalier.

SCÈNE III

LUIGI, ALESSANDRA.

ALESSANDRA, sortant de la gondole et parlant à un jeune homme
qui y est resté.

     — Je suis votre servante,

Seigneur, et vous attends.

La gondole s'éloigne.

LUIGI.

Sa parole énervante
Me rend ivre d'espoir et de crainte à la fois.
Mon vieil amour remue au bruit de cette voix !
Il faut que je lui parle, et la nuit est propice
A qui veut mentir ! Oui, tu seras ma complice,
Nuit perfide, une fois encore ! — Alessandra !

ALESSANDRA, s'approchant.

Qui m'appelle ?

LUIGI.

Luigi.

ALESSANDRA.

Je ne sais s'il voudra
Me raconter la fin de ses amours nouvelles. —

LUIGI.

Ma chère, elle n'est pas venue encor pour elles !

ALESSANDRA.

Et crois-tu qu'elle tarde ?

LUIGI

Elle ne viendra pas.

ALESSANDRA.

Jadis tu me disais ces choses-là tout bas.

LUIGI.

Une femme a rendu le bonheur à ma vie,
Et, pour le mieux garder...

ALESSANDRA.

Tu l'épouses ! — J'envie
Ton heureux sort, mon cher ! Tu rencontras l'amour
Dès le premier relais du chemin, quand autour
De nous tu vois, depuis leur jeunesse, tant d'autres
Qui le cherchent en vain. Jadis tu fus des nôtres,
Quand tu venais t'asseoir sous nos treilles, Luigi,
Tous les plaisirs semblaient, dans ton cœur élargi,
S'engouffrer à la fois, et de leurs ondes vives,
Sans le désaltérer, l'emplir. — Si les convives,
Sur leurs fronts couronnés de roses, par instant
Laissaient voir la tristesse, alors, plus éclatant,
Ton rire tournoyait, comme un ramier fidèle,
Sur la foule, emportant les soucis d'un coup d'aile !...
Saurais-tu rire encore ?

LUIGI.

Alessandra, jamais,
— Depuis les jours déjà bien loin où tu m'aimais, —
Je ne fus plus heureux que maintenant. —

ALESSANDRA.

Je t'aime

Comme autrefois, Luigi, je t'aime autant et même
Plus que jamais! D'ailleurs, méchant, tu le sais bien,
Tu le sais mieux que moi! Cette main que je tien,
Par son frémissement qu'en vain tu dissimules,
Me le dit! Tu le sais.

LUIGI.

Laisse-moi!...

ALESSANDRA.

Tu recules

Devant cet aveu triste et pénible. Ah! vraiment,
Je hais celle qui vient m'enlever mon amant.

LUIGI.

Si tu la contemplais dans sa beauté touchante,
Tu l'aimerais bientôt.

ALESSANDRA.

Ah! si j'étais méchante,

En t'écoutant parler je me réjouirais!

LUIGI.

La jalousie au cœur te mord!...

ALESSANDRA.

                            Je me dirais :
Son amour va mourir !

LUIGI.

        Pourquoi?

ALESSANDRA.

                        Pauvre jeune homme !
Quand on sent ruisseler le bonheur humain comme
Une onde parfumée et fraîche en notre sein,
C'est que de le tarir le ciel a le dessein.
La lampe qui s'éteint jette une large flamme,
Le cygne, en mourant, chante !

LUIGI.

                        Alessandra ! votre âme
Évoque devant moi des fantômes trompeurs !
Vous aimez à changer les ivresses en peurs,
Vous me faites du mal !

ALESSANDRA.

        Je l'aime !

LUIGI.

                        Faites taire
Les regrets d'un amour disparu de la terre

Pour nous deux. Est-ce tout?

ALESSANDRA.

Quoi! n'est-ce point assez?

Oh! méchant! je vous aime, et vous me délaissez!

Je n'ai plus ma beauté de seize ans...

LUIGI.

Votre œil brille,

Votre front est plus pur qu'un front de jeune fille,

Et vous avez la voix de l'archange maudit

Qui nous a tous perdus! — Vous pleurez? ..

ALESSANDRA.

Qui t'a dit

Que je pleurais? Eh bien, oui! je pleure, et j'essaie

En vain de te voiler une profonde plaie!

Oui, je pleure, Luigi! Sous la tranquillité

Que je feins, mon cœur bat, morne et triste, agité

De cet affreux penser que chacun le délaisse.

Je te ferai descendre au fond de sa tristesse,

Car, flétri sous l'ennui des plaisirs, il voudrait

Enfin qu'à tes baisers un pleur se mêlerait!

... Pour la première fois j'aimais; une rivale

M'enleva mon amant, et quand, par intervalle,

15

Il revenait encor se mettre à mes genoux,

L'absente était en tiers jour et nuit avec nous,

Qui comptait les baisers et qui m'en faisait grâce.

Alors j'osais sans crainte au ciel lever ma face;

Lorsque sur le canal, par ses fanaux rougi,

Passait une gondole, aucune voix, Luigi,

N'en sortait pour jeter à mon balcon l'insulte.

Je n'avais profané ni l'amour ni son culte.

Ma rivale était jeune et belle comme moi,

Et digne de celui qui trahissait ma foi.

Pour les surprendre, un soir, le cœur plein de courage

Et d'ardeur, je sortis. — Soulevés par l'orage,

Les flots bruyants et noirs battaient du Grand Canal

Les larges escaliers de marbre, et le fanal,

Luisant dans le brouillard épais, à ma gondole

Faisait comme une large et sanglante auréole.

Mes yeux fixes dardaient leurs regards sur la mer,

Mes narines s'ouvraient, et, dans le vent amer,

Respiraient la vengeance et toutes ses ivresses!

Je revoyais ces nuits aux brûlantes caresses,

Où, sans lui demander de serment en retour,

J'avais baisé son cou, mes deux bras alentour.

Une barque soudain nous barra le passage.

Ce choc inattendu chassant la folle image

Qui trompait ma douleur, je me levai... Je vis

Deux hommes pleins de sang, mais non pas assouvis

Encor, qui s'étreignaient sur les étroites planches·

Ils n'avaient plus d'épée, et se prenaient aux hanches,

Se courbant sur les flots comme pour s'y plonger,

Et se relevant droit tout à coup, sans songer

Au gouffre qui jetait vers eux de sourdes plaintes.

Un cri rauque parfois, des poitrines étreintes,

S'exhalait. A la voix de l'un d'eux je frémis,

Je criai grâce ! — Enfin, d'épuisement blêmis,

Ils tombèrent... Un seul fut retiré de l'onde.

Tout disparut ! Et moi, sans plus d'amour au monde,

En mordant mes cheveux j'étouffais mes sanglots !

Que ne t'ai-je suivi, pauvre enfant, sous les flots !

De mon premier amour ainsi finit l'histoire.

Tu voudrais au second, maintenant, ne plus croire !

Quand je t'aimai depuis, douze ans s'étaient passés, —

Douze ans de longs plaisirs, de fêtes, — tu le sais !

Mes amis t'ont conté mes nocturnes orgies;

Combien de fois à l'aube ont pâli les bougies

Sous ma treille, et combien j'ai ruiné d'amants !
Hélas ! ils t'ont dit tout, — excepté mes tourments...
Que t'importe d'ailleurs ? là-bas une autre femme
Songe à son amoureux d'hier... et le réclame !

LUIGI.

Alessandra, pardonne !

ALESSANDRA.

Eh ! qu'ai-je à pardonner ?
Cher Luigi, — sans remords tu peux m'abandonner.
Qui te retient ? Je n'ai de toi nulle promesse,
Rien, excepté peut-être, en cet instant d'ivresse
A l'aurore oublié, — le serment insensé
Que murmure un amant sur nos seins embrassé :
« Je t'aimerai toujours ! » J'y suis accoutumée ;
Pour tous il est le même, et, comme la fumée
Quand la flamme s'éteint, il s'envole dans l'air.
Adieu, Luigi. Déjà là-bas, dans le ciel clair,
La septième heure sonne, et ton amante veille.
Adieu, Luigi !

LUIGI.

Pourquoi ? la jeune enfant sommeille.

ALESSANDRA.

Adieu !

LUIGI.

Mieux qu'un démon, femme, tu sais tenter !

ALESSANDRA.

Je ne vous tente pas. Vous devez me quitter.
Partez avant qu'ici le vent froid ne ramène
Mon ami Battista, qui tout seul se promène
Dans ma gondole... Il doit venir ce soir chez moi ;
Nous prendrons des sorbets sur le balcon. Je croi
Que, pour causer d'amour, la nuit est bien choisie.

LUIGI.

Et d'où vient cet ami nouveau ?

ALESSANDRA.

La jalousie
A nos amours jamais ne doit survivre, et vous
Avez perdu le droit de vous montrer jaloux.

LUIGI.

D'où vient-il, dis-le-moi ?

ALESSANDRA.

M'aimes-tu donc encore ?...

LUIGI.

Oui !

ALESSANDRA.

Ce n'est point assez qu'à mes pieds on m'implore,
Il faudrait avec moi rester ici.

LUIGI.

Quelqu'un

M'attend à la Piazza... Je serais importun
D'ailleurs quand votre ami...

ALESSANDRA.

Tu veux que je te dise

Comment je l'ai connu? C'est ce soir, à l'église,
— A Murano. — J'ai fait une bonne action :
Ce jeune homme, absorbé par sa dévotion,
Et de l'heure oublieux dans sa longue prière,
Avait laissé partir jusques à la dernière
Les barques de la ville, et je l'ai ramené! —
Il n'est pas de Venise...

LUIGI.

Et fut-il étonné
Qu'ainsi, sans le connaître, on lui rendît service?

ALESSANDRA.

Non! tu ne m'aimes plus! Comme un serpent se glisse

L'ironie au milieu de tous les compliments.

On devient ennemis en cessant d'être amants

Parmi nous. — Est-ce à moi, Luigi, de te l'apprendre?

LUIGI.

Adieu, méchant démon, je ne sais pas comprendre

Les énigmes.

ALESSANDRA.

Adieu...

Luigi sort.

Si ton ange te dit

De me quitter, prends garde à ce conseil maudit;

Il nous tuerait!

Elle frappe; une servante paraît.

Allons, des glaces, des bougies...

Des fleurs, du vin...

Les domestiques dressent une table sur la terrasse.

Le vin est l'âme des orgies!

Il fait tout oublier, et j'ai soif de l'oubli!

L'oubli de ces regrets dont mon cœur est rempli,

De cette lourde honte à mes pas attachée,

Des fautes dont ma vie est à jamais tachée,

Du manteau qu'a collé l'infamie à ma chair,
Et de mon désespoir plus profond que la mer !

SCÈNE IV

ALESSANDRA, BATTISTA.

ALESSANDRA.

Avez-vous ramené, par cette promenade,
Seigneur, un peu de calme en votre âme malade ?

BATTISTA.

Je suis calme et moins triste à présent. — Je bénis
Le Dieu qui laisse aller aux mondes infinis
Notre âme ivre d'espoir, par de célestes routes.
Madame, regardez comme elles brillent toutes,
Ces étoiles, — du ciel éternels diamants, —
Pour éclairer la mer au bord des quais charmants.
Comme Astarté Venise est la fille de l'onde !
Les poëtes ont dit que le bonheur du monde
A part.
Avait son temple ici ! Le destin m'y conduit,

Il raille !

ALESSANDRA, à part.

— Ils parlent tous de bonheur cette nuit ! —

A Battista.

Vénus est éclipsée, et Venise la belle

Sur les flots règne seule ! Oui ! cette mer fidèle

Qui lui vient effleurer ses pieds de marbre blanc

D'une caresse ardente ou d'un baiser tremblant,

Et qui, pour l'endormir en ses nuits attiédies,

Semble emprunter au ciel ses douces mélodies,

Est son esclave. — Brune enfant de l'Orient,

Nonchalante, elle vient à nous en souriant,

Ses humides cheveux déroulés sur ses hanches ;

Et tandis que, du vase ouvert par ses mains blanches,

S'échappent des parfums au Couchant inconnus,

Pour bercer sa maîtresse elle tend ses bras nus.

Pendant nos tièdes nuits, les âmes ulcérées

Sentent glisser un baume aux fraîcheurs épurées

Dans leur chaude blessure, — et leurs maux se calmer.

Nos brises, voix du ciel, qui nous le font aimer,

Sur nos fronts qu'assombrit l'ennui venant descendre,

Réveillent comme un feu qui couvait sous la cendre

Les rêves de bonheur et les nobles espoirs.

BATTISTA.

Oui! belles sont vos nuits et limpides vos soirs...
Quand la vie est heureuse et quand l'âme est sereine,
Il est doux d'admirer les astres et leur reine
Qui s'élève, tranquille et lente, dans le ciel.
Jamais les monts en fleurs, où les mouches à miel
Nagent dans le nectar des sauvages cytises,
N'ont d'aussi frais parfums chargé l'aile des brises.
— Je ne vous connais pas, je vous suis étranger,
Mais j'ai cru deviner, en vous voyant songer,
Que vous étiez à l'âme ainsi que moi blessée.
Avez-vous donc, madame, eu la même pensée,
En prenant votre part de mon fatal ennui?

ALESSANDRA.

Oui!

BATTISTA.

Mon cœur se souvient de ce qu'on fait pour lui.

ALESSANDRA.

Vous ignorez mon nom; ah! je vous en supplie,
Ne le demandez pas! laissez que je l'oublie

Un instant, — ou plutôt fuyez ce triste lieu,

Et ne sachez jamais qui l'habite.

BATTISTA.

O mon Dieu !

Vous aurais-je froissée? Écoutez, soyez sûre

Que je n'ai pas voulu vous tromper. Je le jure,

Et Battista Reni sait le prix d'un serment.

Je ne puis ni ne veux devenir votre amant ;

Je serais votre ami si vous étiez moins belle.

ALESSANDRA.

Vous êtes discret?

BATTISTA.

Comme une tombe ; comme elle

L'ennui me trouve bon et le plaisir mauvais.

ALESSANDRA.

Qui vous amène ici?

BATTISTA.

Mon Dieu! sais-je où je vais?

J'aimais de tout mon cœur une jeune enfant née

Sous mon ciel de Padoue. Elle fut entraînée

Au mal par le serpent aux souples anneaux d'or

De qui la voix caresse et le regard endort.

Elle se crut aimée et ne fut que séduite!

L'enfer rit aux serments d'un noble! Ils sont en fuite.

J'avais fait des projets de bonheur insensés!

Elle n'a pas voulu songer aux pleurs laissés

Dans sa triste maison, par cette fuite impie!

La sombre jalousie a des doigts de harpie!

Oh! si je retrouvais la malheureuse enfant,

J'oublierais tout; l'amour, en mon cœur triomphant,

Briserait la colère, et je l'aimerais comme

Avant notre malheur...

ALESSANDRA.

Et si vous trouviez l'homme?

BATTISTA.

L'homme! que Dieu le garde à jamais de trouver

Battista devant lui, n'importe où! Pour laver

Un crime qui m'insulte en me déchirant l'âme,

Il me faut tout son sang! Je vous fais peur, madame?

Je suis si malheureux!

ALESSANDRA.

Vous me faites pitié!

Restez! de mon souper acceptez la moitié.

En causant nous verrons, à minuit, les gondoles

Revenir du Lido, pleines de chansons folles

Et de rires joyeux : c'est la fête aujourd'hui.

BATTISTA, à part.

Jour sinistre! douze ans se sont traînés sur lui

Sans pouvoir étouffer sa morne souvenance!

ALESSANDRA.

Qui vous rend soucieux?

BATTISTA.

A ma femme je pense.

Elle aimait le Lido.

ALESSANDRA.

Fûtes-vous marié?

BATTISTA.

C'est un trop grand malheur pour qu'il soit oublié.

Un mauvais mariage est une chaîne lourde;

On en garde longtemps la douleur vive ou sourde

Au cœur. — Jusqu'à sa mort le forçat sent peser

A son talon les fers qu'il avait cru briser.

J'avais, tout jeune encore, et par obéissance

A mon père, épousé ma compagne d'enfance...

Une innocente fille. Elle est morte au couvent.

Mes souvenirs d'alors me font pleurer souvent

Et tariront en moi l'espoir et le courage.

J'ai tué son amant par une nuit d'orage,

Sur sa gondole, au seuil de mon triste palais.

On put me retenir, alors que je roulais

Enlacé dans ses bras que la mort rendait roides,

Au fond du grand canal et de ses ondes froides.

Je ne fus que blessé, mais je n'ai point guéri !
Je souffre.

ALESSANDRA.

C'était vous le sinistre mari

Qui tuiez les amants égarés dans la ville !

BATTISTA.

Vous semblez en colère !

ALESSANDRA, à part.

O colère inutile !

Tu ne réveilles rien en mon cœur ni mes sens !
— Il est bien oublié, celui-là ; je ne sens

Contre son meurtrier nul désir de vengeance !
A Battista.

Votre histoire fait peur. — Maintenant, quand j'y pense,

Je vois se redresser, soudain, entre nous deux,

Ce jeune homme tué comme un spectre hideux !

Quand on ne soupe pas, l'usage est que l'on dorme
La nuit. Bonsoir !

BATTISTA, à part.

Il faut demain que je m'informe
Si cette femme est folle. Elle en a l'air.

A Alessandra.

Adieu,

Madame !

ALESSANDRA.

Adieu, seigneur.

Battista sort.

En vivant au milieu
De ces lâches plaisirs, comme j'ai vieilli vite !
A peine si mon cœur au souvenir palpite !...
Oubli, linceul glacé qu'épaississent les ans,
Tu recouvres bientôt de tes plis étouffants
Les blessures du cœur. O la blessure vaine
Dont je croyais mourir, et que je sens à peine
Douze ans plus tard ! hélas ! je l'aimais bien, pourtant !
N'aimé-je pas aussi l'autre homme que j'attend ?

SCÈNE V

ALESSANDRA, LUIGI.

ALESSANDRA.

Luigi! — Luigi, venez. N'est-ce pas à Padoue
Que vous avez trouvé ma rivale?...

LUIGI.

Oui!

ALESSANDRA.

L'on joue

A Venise, sa vie, ami, bien sottement,
En se montrant sans masque et sans déguisement,
Quand on sait que dans l'ombre et de sang altérée
La lame d'un jaloux luit à moitié tirée...
Apprends que l'on te cherche ici...

LUIGI.

J'en suis certain.

Avec elle je vais partir demain matin.

ALESSANDRA.

Demain! pauvre imprudent! j'admire ta folie!

C'est la nuit que la ville est d'embûches remplie.

Où vas-tu? laisse-moi te conduire. Es-tu sûr

Qu'on ne te guette pas, là-bas, au coin du mur?

Causons dans ma gondole; au moins d'un coup de rame

On peut fuir le danger.

Ils descendent la terrasse.

SCÈNE VI

BIANCA, sortant de la maison, puis BATTISTA.

BIANCA.

Quelle est donc cette femme?

Ils partent... de leurs voix je n'entends plus le bruit.

Ce Luigi m'abandonne au milieu de la nuit,

Et va se promener sur mer avec une autre...

BATTISTA.

À part.

C'est bien elle! — Bianca, quel chagrin est le vôtre?

BIANCA.

Battista! tuez-moi!

BATTISTA.

Relevez-vous.

BIANCA.

J'ai peur!

BATTISTA.

Je voudrais vous parler comme un frère à sa sœur :
Pourquoi me craindre ainsi? Vous semblé-je en colère?
Ah! votre repentir, Bianca, serait sincère
Si vous saviez combien vous m'avez fait de mal!
Oui! mon amour pour vous fut un amour fatal,
Mais ce n'est point ma faute. Ai-je donc, jeune fille,
Avant d'être agréé par vous, votre famille,
Tous les vôtres, porté mes pas sous votre toit?
Dites? Oh! oui, pleurez, pleurez, enfant; on doit
Souffrir du mal qu'on fait aux autres!

BIANCA.

                              La coupable
N'emportera pas loin son crime détestable.
Ah! seigneur, pouvez-vous me regarder après
Cette fuite honteuse et rester calme auprès

D'une fille parjure et fausse !

BATTISTA.

Pauvre amie !
Qu'il soit maudit celui qui fit cette infamie
De souiller l'avenir dans ton cœur. Je le hais.
Comment es-tu venue en ces lieux ?

BIANCA.

Je ne sais.
Il était là toujours, — absorbant ma pensée...
Sous un pouvoir étrange, une nuit, affaissée,
Je vis entrer des gens masqués. — On m'emporta
Dans un palais désert, au bord de la Brenta.
Je croyais être folle ou vivre dans un rêve.
Je ne me souviens plus que du réveil !

BATTISTA.

Achève !

BIANCA.

Quand je me retrouvai vivante...

BATTISTA.

Achève donc !

BIANCA.

Il était à genoux et demandait pardon !

BATTISTA.

Par saint Jean! de son crime il portera la peine.

BIANCA.

Battista!

BATTISTA.

Quand je songe à lui, mon âme, pleine
De désirs inhumains, déborde malgré moi.

BIANCA.

Vous m'effrayez!

BATTISTA.

Pleurez! pour calmer votre effroi,
Ou, vous cachant au fond d'une indigne demeure,
Pour deux hommes priez, il faut qu'un des deux meure!

BIANCA.

Que diront-ils de moi, là-bas?

BATTISTA.

Pour démentir
Mes paroles, Bianca, vous ne verrez sortir
Personne du tombeau! — C'est assez que je sache,
Moi, que le corps et l'âme ont chacun une tache.

BIANCA.

O ma mère! au retour me pardonneras-tu?

BATTISTA.

Y pensiez-vous hier? Cette mâle vertu,

Refuge de l'honneur de toute sa famille,

Ne peut être un sujet de crainte pour sa fille

Qui revient appuyée au bras d'un fiancé...

BIANCA.

Battista! s'il vous tue!

BATTISTA.

O propos insensé!

Il viendrait te reprendre alors comme sa proie!

Comprends donc qu'il n'est pas possible qu'on te voie

Un enjeu de combat, et le prix, — entre nous, —

De celui qui sur l'autre aura mis les genoux.

L'aveugle sort pourrait épargner un parjure!

Non! je te reviendrai vivant, je te le jure!

Rentre et laisse-moi seul attendre son retour.

Il sort.

BIANCA, seule.

Il m'aime, et j'ai trahi sans pitié son amour...

Il m'aime et me reprend couverte de ma honte;

Au lieu de me punir, son amitié, trop prompte

A tout me pardonner, ne songe plus déjà

17

Qu'à ramener au bien ce cœur qui l'outragea!

Ah! j'aurais dû mourir pour échapper au crime!

Il se repentira de sa bonté sublime

Un jour peut-être... On vient, j'entends des chants, du bruit.

S'arrêtant sur le seuil de la maison de Luigi.

Quel sera le réveil de cette affreuse nuit?

Un crime se prépare, et seule j'en suis cause!

Une main pour frapper s'est armée, et je n'ose

L'arrêter! ô mon Dieu! je n'en ai plus le droit...

Car je suis plus coupable encor qu'il ne le croit! —

Elle rentre.

SCÈNE VII

ANNIBALE, PAOLO, BEPPA, SEIGNEURS, ET
DAMES, puis ALESSANDRA.

PAOLO, *chantant.*

Chantons, Beppa, la folie et l'ivresse,

Vidons la coupe où pétille le vin,

Et que longtemps l'aile de la tristesse

Nous touche en vain!

N'éveillons point la raison qui sommeille.

Demain peut-être elle nous oubliera.

Nous dormirons lorsque l'aube vermeille

> L'éveillera !

Que tous nos jours s'écoulent comme l'onde

Qui sous tes doigts jaillit en diamants,

Et chaque nuit ouvre-moi, chère blonde !

> Tes bras charmants !

De ses parfums ta jeunesse m'enivre ;

La brise tiède a dévoilé ton cou ;

Ton sein de marbre à mes baisers se livre

> Et me rend fou !

Ma voix s'éteint, ma coupe est épuisée ;

Près de ton cœur berce-moi jusqu'au jour,

En me laissant sur ta bouche rosée

> Boire l'amour !...

ANNIBALE.

Bien chanté, Paolo ; la Beppa, qui t'écoute

En feignant de songer là-bas, se dit sans doute

Que pas une rivale, en ses lacs amoureux,

Ne tient de rossignol au chant plus langoureux.

Où donc Alessandra?

UN SEIGNEUR.

J'ai cru voir sa gondole

Passer près de nous.

ANNIBALE, frappant chez Alessandra.

Eh! Lenora, vieille folle,

Où donc est ta maîtresse?

LENORA, de la fenêtre.

Avec seigneur Luigi,

Au Lido, messeigneurs!

ANNIBALE.

De terre a-t-il surgi

Ce soir, le beau garçon! Depuis trois jours Venise

Le croyait dans sa tombe, ou sous la robe grise

D'un vieux moine, expiant ses amoureux méfaits.

Ce soir il recommence!

Il frappe; deux valets sortent de chez Alessandra.

Amis, soupons.

A Beppa.

Toi, fais

Les honneurs du repas en attendant que l'autre
Soit lasse des sermons de son galant apôtre!
Réveille-toi, ma belle!

A Paolo.

Eh! comme c'est méchant
De feindre qu'on s'endort, beau rêveur, à ton chant!

Ils se mettent à table.

PAOLO, à Beppa.

Chère Beppa, ce soir tu parais ennuyée;
A quoi songes-tu donc? Quand Venise est noyée
Des parfums d'Orient qu'apportent les zéphyrs,
Quand les astres du ciel, poussière de saphirs,
Semblent illuminer sa couronne de reine,
Tu fermes tes yeux bleus; — aurais-tu de la peine?

BEPPA.

J'ai de la peine, oh! oui, Paolo.

PAOLO.

Comment, toi?
Ce n'est donc plus Beppa la folle que je vois,
Qui dès l'aube aujourd'hui, joyeuse d'être aimée,
Jetait ses chants d'ivresse à la brise embaumée!
Es-tu lasse déjà, Beppa, de nos amours?

17.

BEPPA.

Espérais-tu me voir te sourire toujours? —
J'ai de mes chants d'ivresse épuisé l'harmonie,
Mon cœur est sans désirs et ma veille est finie.

ANNIBALE.

L'amour d'Alessandra dure plus que le tien,
Beppa !

A Paolo.

Laisse, mon cher, un si triste entretien :
Une femme pour moi cesse d'être jolie
Quand elle s'abandonne à la mélancolie...

BEPPA.

Vous étiez plus aimable en me parlant tout bas
Ce soir, Annibale !

ANNIBALE, montrant Paolo.

Ne le désole pas ! —

Regardant vers le canal.

L'Alessandra revient; — je crois, Dieu me pardonne,
Qu'elle est seule.

PAOLO.

Luigi s'éloigne, — et l'abandonne !

SCÈNE VIII

LES MÊMES. ALESSANDRA, puis BIANCA.

ALESSANDRA.

Mes chers amis, salut.

ANNIBALE.

Nous soupons tristement,

Mais ta gaieté rendra notre souper charmant.

Que nous racontes-tu de Luigi?

ALESSANDRA.

Je vous prie

De ne plus m'en parler à l'avenir.

A Beppa.

Chérie,

Tu parais triste; es-tu seule?

BEPPA.

Seule je suis!

ANNIBALE.

A quoi sert aux amants la plus belle des nuits?
Ils s'élancent ardents vers leurs maîtresses pâles,
Et retombent glacés par des voix sépulcrales.

ALESSANDRA, à Beppa.

Pour avoir des soucis, blonde aux yeux bleus, attends
Que ta vive jeunesse ait compté ses vingt ans!
Est-ce un chagrin d'amour qui te trouble? A ton âge
On peut perdre un amant sans craindre le veuvage,
Tandis qu'au mien on voit l'avenir se fermer
Lorsqu'on cesse, ô Beppa! d'être aimée ou d'aimer.

BEPPA.

Je n'aime plus.....

ALESSANDRA, à Beppa.

Au moins souris à mes convives.

A tous.

Mes amis, vos gaietés n'ont pas d'allures vives,
Et vos chuchotements sont trop mystérieux.
La femme est un démon discret, mais curieux;
Qu'est-ce donc?

ANNIBALE.

Il s'agit en effet d'un mystère.

Mais, Luigi s'y trouvant mêlé, je dois me taire
Par ordre.

ALESSANDRA.

Paolo, dis-moi ce grand secret.

PAOLO.

C'est votre faute à vous si l'homme est indiscret,
Mesdames. — J'ai surpris au fond de la terrasse
Une ombre...

ALESSANDRA.

Quand?

PAOLO.

Ce soir.

ALESSANDRA.

Où donc?

PAOLO.

A cette place,
Une ombre en voiles blancs qui s'est cachée ici,
Par nos chants effrayée.

Il montre la maison de Luigi.

ANNIBALE.

Et cette maison-ci
Est au fidèle amant d'une charmante femme!

ALESSANDRA.

Non ! Luigi m'a trahie !

PAOLO.

Ah ! j'ignorais, madame,

Que je vous blesserais en parlant de cela.

ALESSANDRA, à part.

Cette femme l'attend, et doit être encor là,

Seule. — Avant qu'il revienne il faut que je la voie.

A Paolo.

Ami, tu m'as rendu, sans t'en douter, la joie,

Et je voudrais pouvoir bien t'en récompenser.

Que ferai-je pour toi ? Beppa, viens l'embrasser.

ANNIBALE.

Voyez comme elle y va lentement.

BEPPA, à Annibale.

Je suis lasse

De ses baisers, mon cher, — que veux-tu que j'y fasse ?

PAOLO.

C'est un baiser d'adieu, Beppa !

Beppa ferme les yeux et s'endort.

ANNIBALE.

Cher Paolo,

A quoi bon lui chanter de tendres vers sur l'eau,

Et fatiguer ta voix en respirant la brise

Qui se lève le soir si fraîche sur Venise?

PAOLO.

Qu'importe qu'auprès d'elle un chant ne serve à rien?

J'aime et chante l'amour! cela me fait du bien.

ALESSANDRA.

Amis, n'êtes-vous pas curieux de connaître

Ma rivale? Elle est là, — qui vous attend peut-être;

C'est une jeune fille, — il faut la ménager

Si vous allez la voir.

ANNIBALE.

Vous m'y faites songer!

Peut-être qu'en soupant elle sera plus gaie

Qu'une amante trahie ou trop tôt fatiguée.

Cette porte est mal close, elle cède; au revoir.

Il entre chez Luigi.

ALESSANDRA, à Beppa endormie.

Ah! comprends-tu combien je brûle de la voir?

— Pauvre fille! elle dort!

SCÈNE IX

LES MÊMES, ANNIBALE, portant Bianca dans ses bras.

BIANCA.

Laissez-moi, je vous prie,
Je ne vous connais pas! laissez-moi!...

ALESSANDRA.

Qui donc crie?
Je connais cette voix... Arrêtez!

BIANCA, s'échappant des bras d'Annibale et reconnaissant
Alessandra.

Quoi! c'est vous?
Grand Dieu! c'est vous, ma sœur!

ALESSANDRA.

Seigneurs! laissez-nous tous!
Arrière, Annibale! — Ne suis-je pas maîtresse
Chez moi?

A Bianca.

Nous sommes donc dans la même détresse,
Ma sœur, qu'on te rencontre à Venise aussi toi !
Laisse-moi t'embrasser ! T'éloignes-tu de moi
Par honte ou par pitié ?

Bianca l'embrasse.

Merci, Bianca !

SCÈNE X

LES MÊMES, BATTISTA.

BATTISTA, à Bianca.

C'est l'heure
Du départ, mon enfant.

Bianca se jette dans les bras de Battista.

ALESSANDRA.

Déjà partir !

BATTISTA, à Alessandra.

Oh ! pleure,

Malheureuse, et fuis-moi, j'ai tué ton amant.

Il jette son poignard ensanglanté aux pieds d'Alessandra.

ALESSANDRA.

Il a tué Luigi !

Silence. — A part.

Pourquoi tant de tourment

Et tant de honte ensemble écrasant une femme ?

Vous voulez arracher à l'abîme son âme,

Dieu tout-puissant ! Oh ! oui, cet affreux souvenir

Entre ma vie infâme et ma vie à venir

Se dressera toujours !

A Bianca.

Je me lève et secoue

La parure du vice et le fard de ma joue !

Mes larmes laveront mon passé ! Dans tes bras,

Sœur, je me réfugie ! Allons où tu voudras,

Mais loin, — bien loin d'ici !

Battista la repousse et entraîne Bianca loin d'elle.

BATTISTA.

Non ! voilà votre place,

Et voilà vos amis.

BEPPA, s'éveillant.

De ces cris je suis lasse ;
Voulez-vous m'empêcher de dormir jusqu'au jour ?

ALESSANDRA.

O ma sœur, ouvre-moi tes bras ! que ton amour
Contre le désespoir et la mort me protége !

BATTISTA.

Venez, Bianca !

Ils sortent.

ALESSANDRA.

Ma sœur ! plus rien ! Que deviendrai-je ?

BEPPA, étonnée.

Mais pourquoi pleure-t-elle ?

ANNIBALE.

Elle pleure la mort
De son amant.

ALESSANDRA.

Beppa, je me croyais à tort
Du crime où j'ai vécu par ce malheur punie,
Ma sœur me restait seule, et ma sœur me renie.

ANNIBALE.

Le crime est expié quand on souffre pour lui !

BEPPA.

Si ce n'était qu'un crime encor ! — C'est un ennui !

FIN DU PREMIER ACTE.

ACTE II

Un chemin ombragé. — A droite un mur de jardin et une porte.

SCÈNE PREMIÈRE

ALESSANDRA seule, puis LUIGI.

ALESSANDRA.

Contre moi sa colère est profonde et constante!
J'ai peur qu'il me surprenne en ma cruelle attente.
Ici le seul désir de te voir me retient,
Chère sœur! Oui, te voir, c'est bon, — cela soutient
Contre les souvenirs dont je sens mes nuits pleines,
Qui mouillent mon chevet de leurs chaudes haleines

Et qui tentent tout bas mon découragement.

Viens de l'expiation alléger le tourment ! —

A celle qu'on maudit, viens rendre une famille;

Tends une main honnête à la coupable fille

Qui se repent, — qui souffre, — et qui t'aime, ô ma sœur !

Dans le sentier j'entends marcher quelqu'un; j'ai peur !

Quelle apparition vient effrayer mon âme?

LUIGI, riant.

Tu crois aux revenants…. aujourd'hui !

ALESSANDRA.

Cette lame

Jour et nuit sur mon sein, lourde comme un remord,

Par son odeur de sang rappelait votre mort.

N'êtes-vous point un spectre?…

LUIGI.

Alessandra, tu sembles

Trop facile à la peur. Pendant qu'ici tu trembles

De voir paraître un homme à qui tu ne dois rien

Pourtant que le mépris, — en ami, je revien

Te prêter assistance, et tu pâlis de crainte !

Tu me reconnaîtras au moins à cette étreinte. ..

Il lui serre la main.

Tu ne dis rien? ton front est noir, — ton œil terni....

ALESSANDRA.

Que voulez-vous de moi? pour moi tout est fini....
Peut-être pensiez-vous me retrouver vivante...
Vous vous êtes trompé; je suis une ombre errante,
Et n'ai plus ni désirs, ni courage. —

LUIGI.

                    Vraiment,
Sous cet ombrage épais tu n'attends pas d'amant?

ALESSANDRA.

O Luigi ! c'est bien vous, et je reconnais l'homme
Qui cherche un vil motif à toute action, comme
S'il ne pouvait admettre, en son cœur mal placé,
Qu'un sentiment humain fût désintéressé.
Que je voudrais avoir, pour éviter l'outrage,
Cette tranquillité des hommes d'un autre âge,
En dénouant de l'âme et du corps les liens...

LUIGI, inquiet.

Donne-moi ce poignard. —

ALESSANDRA.

                    Qu'en ferez-vous ?

LUIGI.

J'y tiens.

ALESSANDRA.

Pour moi seule ce fer et sa rouille ont des charmes.

LUIGI.

Tu l'as porté longtemps et baigné de tes larmes;
Ce fut le compagnon de tes plus tristes nuits, —
Donne-le moi.

ALESSANDRA.

Non ! non !

LUIGI.

Donne.

ALESSANDRA.

Je ne le puis, —
Et je ne voudrais pas vous faire de la peine....

LUIGI.

Tu ne m'aimes donc plus?

ALESSANDRA.

Le voilà....

Il prend vivement le poignard et embrasse la main d'Alessandra.

LUIGI.

Qui t'amène,

Vénitienne errante, au sein des bois touffus?

ALESSANDRA.

Je n'y viens point chercher d'amant ! Crois-moi, tu fus

Le dernier. A mon front je veux garder l'empreinte

D'un suprême baiser.... et je n'ai point de crainte

De tes regards jaloux sur ma vie, ô Luigi ! —

Sais-tu qui m'amène?...

LUIGI.

Oui ! — tu viens, le front rougi

Par la honte et cachée en ta mantille sombre,

Attendre ici ta sœur, et comme tremble en l'ombre

En marchant à son crime un nocturne assassin,

Tu trembles qu'on ne sache, ô femme ! ton dessein;

Tu trembles, quand ta sœur est là, qu'on ne te voie

Un instant l'embrasser, et c'est toute la joie

Qui te reste en ce monde ! —

ALESSANDRA.

Eh ! qui t'a dit cela?

LUIGI.

Est-ce que ta fierté dans les pleurs s'en alla

La nuit qu'il m'a frappé, que je te vois tremblante

A ses pieds ! — Lève-toi ! — Va lui dire : Elle est lente

La justice, et pourtant elle arrive.... et sans bruit.

ALESSANDRA.

Si je l'avais voulu, cette funeste nuit

Qu'à Venise il cherchait son amante perdue,

Je l'aurais captivé par mon amour vendue !

Ce sage ! il eût posé ses lèvres à mon front

Qu'il écrase à présent sous le plus lâche affront.

Dans la gondole, au fond d'une molle ottomane,

Il eût baisé mes pieds, des pieds de courtisane !

Je ne l'ai pas voulu, parce que je t'aimais !

LUIGI.

N'as-tu plus de fierté? N'oseras-tu jamais

Secouer ce joug vil où ton beau col se blesse?

ALESSANDRA.

Que puis-je devenir si ma sœur me délaisse !

Et ma sœur l'aime tant, qu'elle ne voudrait pas,

Sans qu'il y consentît, me voir. La crainte, hélas !

Est tout mon avenir. Je suis flétrie et seule !

Mon passé sur mes jours pèse comme une meule

Et les met en poussière ! — et juste est cette loi ! —

Ne me regarde plus : ce long regard sur moi

Est trop cruel, Luigi ! — je me cache, je rampe

Parce qu'il le faut. Vois, le sang monte à ma tempe

Et la honte m'étouffe. Oh! ne viens pas m'ôter

L'espoir, dernier lambeau qui me puisse abriter!...

LUIGI.

Je n'ai point le désir de te jeter le blâme.

Pourtant je t'ai connue une plus digne femme!

Adieu....

Il sort.

ALESSANDRA.

Luigi!... j'entends marcher dans le sentier.

C'est lui!

SCÈNE II

ALESSANDRA, BATTISTA.

BATTISTA.

Que voulez-vous, madame?

ALESSANDRA.

La pitié!

BATTISTA.

Je n'ai que du mépris....

ALESSANDRA.

Seigneur! la vie est dure
Pour celle qui ne boit qu'une éternelle injure....
J'accepte vos mépris et je livre mon cœur
A vos coups, mais au moins laissez-moi voir ma sœur.

BATTISTA.

Non!

ALESSANDRA.

Vous êtes cruel!

BATTISTA.

Qu'avez-vous à lui dire?

ALESSANDRA.

De ne pas m'oublier, de ne pas me maudire,
Que sais-je? de m'aimer, de songer que je suis
Cent fois plus malheureuse, hélas! que je ne puis
Vous le faire comprendre....

BATTISTA.

Éloignez-vous, madame,
Je vous ai trop connue, et j'ai peur qu'en son âme
Vous ne laissiez couler le suave poison

De vos lèvres de miel, et qu'un jour ma maison
N'ouvre, par votre main, sa porte à l'adultère.

ALESSANDRA.

Oh! la coupe déborde, et c'est assez me taire!
Si ma lèvre corrompt, de qui le savez-vous?
Il est vrai qu'à Venise, un soir limpide et doux,
Un soir que vous étiez trop confiant, vous êtes
Venu me raconter vos amours...

BATTISTA.

                           Vous me faites
M'en souvenir à tort! — Cœur perfide et rompu
Aux ruses du métier, comment avez-vous pu
Sans rougir me parler de votre ancienne vie?
Retournez à Venise, ô louve inassouvie
De lâches passions, de nuits de volupté,
Dont un coup de poignard ranime la gaieté!
Depuis longtemps déjà vos amis vous attendent.

ALESSANDRA.

J'ai des amis partout; crains donc qu'ils ne t'entendent.

BATTISTA.

Serpent, ne siffle pas, ou je pose le pied
Sur ta tête!

ALESSANDRA.

O le fou, qui n'a pas de pitié !

Souviens-toi, quand viendront nos prochaines rencontres,

De n'en pas demander plus qu'ici tu n'en montres !

Pattista sort.

SCÈNE III

ALESSANDRA, puis LUIGI.

ALESSANDRA.

Je pars, et, si jamais tu me vois revenir,

Tu n'en pourras douter, je viendrai te punir !

Et toi, ma sœur, qu'en vain j'appelle et qui m'évites,

Je veux, - sans plus songer qu'avec lui tu l'habites,

Fuir ce palais cruel que je voue au malheur !

Vous avez torturé si bien mon pauvre cœur,

Tous les deux, qu'il n'aura de pitié pour personne.

LUIGI, entrant.

Eh bien, me suivras-tu ?

ALESSANDRA.

Non ! je ne suis plus bonne

Qu'à coucher au tombeau.

LUIGI.

J'ai tout vu, je sais tout.

Une même colère en nos poitrines bout !

Oh ! cet homme tenait entre ses mains ma vie,

La dernière espérance enfin m'était ravie !

Je gisais à ses pieds, saignant sous son poignard ;

Nous étions seuls, — la nuit, — et, surpris à l'écart,

J'étais assassiné ! La mer, muette et creuse,

M'eût servi de linceul. Devant la mort affreuse

J'eus peur et je fus lâche. — Oh ! tu ne peux savoir

Quelle horreur on ressent, face à face, à la voir,

La mort ! — Je me traînai, pâle, baigné de larmes,

A ses pieds, lui criant : « Pitié ! je n'ai pas d'armes !

Oh ! ne me tuez pas ! » — Il frissonnait beaucoup

Lui-même. Après m'avoir porté le premier coup,

Il hésitait. — Mes pleurs, de la nuit solitaire,

Troublaient le calme afireux. Il me dit de me taire.

— « Jamais vous n'entendrez parler de moi ! — j'irai,

Seigneur, vivre aussi loin d'ici que je pourrai ! »

Murmurai-je, en traînant mes genoux sur le sable;

Et l'accent de ma peur était si lamentable,

Qu'il me crut, l'insensé! le traître! il souleva

Son pied lourd, et mon front soudain se releva.

Quelle nuit! Depuis lors en silence je couve

Une pensée, et comme au bord du bois la louve

Guette pour ses petits une proie, aussi moi

J'en guette une! elle est là, je la flaire et la voi,

Et pour la dévorer j'attends l'heure propice!

Viens! je t'en donnerai ta part, ô ma complice!

SCÈNE IV

Un jardin.

BIANCA, seule, puis BATTISTA.

BIANCA.

Quand mon mari, voyant mon regard abattu,

Me dit de sa voix douce, inquiète : Qu'as-tu?

Pourquoi n'osé-je pas avouer ma souffrance?

Je suis entre vous deux, — lui qui vit d'espérance,

Et toi, ma pauvre sœur, de découragement, —

Le vase où la rosée en pleurs de diamant

Que distille la nuit se mêle aux eaux d'orage :

Le vase est toujours trouble, et l'amertume y nage.

J'entends sonner une heure. — Elle tarde aujourd'hui

A venir me parler...

Un bruit de pas ; Bianca se lève.

C'est elle...

BATTISTA.

Non... c'est lui.

Tu veux fuir, Bianca?

BIANCA.

Non !

BATTISTA.

Ta sœur...

BIANCA.

Tu l'as chassée !

N'est-ce pas?

BATTISTA.

Qui te fait venir cette pensée?

Calme-toi, — j'ai besoin de te parler un peu.

19.

Viens près de moi, Bianca ;

Ils s'assoient sur le banc.

Ton front est tout en feu,

Et tu trembles encor ! J'espérais, — mais notre âme

Se leurre en ses espoirs bien souvent, chère femme, —

J'espérais autrefois que celle dont mon cœur

Aurait, dans une nuit de suprême bonheur,

Senti battre le cœur sous une douce étreinte,

Lèverait pour toujours les yeux sur moi sans crainte,

Et que j'inspirerais assez d'épanchement

A la fois comme ami, comme époux, comme amant,

A cette chère femme aux cils mouillés de larmes,

Pour mériter ma part dans toutes ses alarmes

Et dans tous ses désirs ! — Me serais-je trompé ?

BIANCA.

Ami, quand je la vois, le front de pleurs trempé,

Se traîner à genoux, et se cachant la face,

Me crier : O ma sœur, je t'aime ! fais-moi grâce !

Puis-je la repousser ? dis !

BATTISTA.

Enfant bien-aimé !

Quand passe cette femme au voile parfumé.

Où son pied a touché, la corruption germe!

Et tu ne comprends pas qu'épouvanté je ferme

Ma maison devant elle, et j'enveloppe ainsi

Mon trésor dans mes bras et sur mon cœur transi.

Il la presse dans ses bras.

BIANCA.

Battista, c'est ma sœur!

BATTISTA.

Non, c'est ton mauvais ange!

BIANCA.

Au poison de ces fleurs qui naissent dans la fange

Nous pourrions l'arracher encor si tu l'aimais,

Et nous en répondrons devant Dieu.

BATTISTA.

Non! jamais!

Nous ne lui devons rien que l'oubli! — Pauvre amie!

Bien morte est la pudeur que tu crois endormie!

De sa beauté l'esprit du mal s'est revêtu

Trop souvent, pour tenter et vaincre la vertu!...

A ton cœur généreux si je fais violence,

C'est pour ton bien.— Adieu, seule et plus calme, pense

A la peur qui m'a fait lui fermer ma maison.

Et tu reconnaîtras bientôt que j'ai raison...

BIANCA.

Si vous avez raison de me séparer d'elle
Pour toujours, et de faire une sœur infidèle
De l'enfant qui vous blâme en vous obéissant,
Vous ne l'avez qu'au prix d'un chagrin incessant
Qui trouble son repos et sa récente joie!

BATTISTA.

Ne pleure pas, Bianca! je veux qu'elle te voie!
Qu'importe l'avenir qui me semble si noir?
Je permets qu'entre nous elle vienne s'asseoir!
Sa joie en s'épanchant ranimera la tienne.
Je veux qu'elle te voie et qu'elle t'entretienne
De ses longues amours. — Tes larmes sécheront
Sous l'haleine de feu qui touchera ton front!
Meure plutôt l'amour qui seul remplit nos âmes
Que de t'entendre dire ainsi que tu me blâmes!

BIANCA.

Vous êtes bon, et moi je ne suis qu'un enfant,
Mais je vous aime bien, et l'amour me défend
Contre cet avenir que vous craignez.

BATTISTA.

Pauvre ange !
Laisse de tes regards tomber un saint mélange
D'amour et de pardon !

BIANCA.

Qu'ai-je à vous pardonner,
Battista, mon ami ?

BATTISTA.

Laisse-moi te donner
Un baiser sur le front comme un père à sa fille ;
N'es-tu pas mon seul bien et toute ma famille !
Dieu ne m'a pas laissé sur terre de parents,
Pour que tout mon amour fût pour toi. Tu me rends
Orgueilleux du bonheur dont ton regard m'inonde.

BIANCA.

Il parle, pauvre fou, du bonheur de ce monde,
Et ne le connaît pas !

BATTISTA.

J'embrasse tes genoux !
Où donc est le bonheur s'il n'est pas entre nous ?

BIANCA, touchant son cœur.

Il est là. Viens plus près, et que nul ne l'entende :

Dans mon sein j'ai senti...

Elle lui parle bas.

BATTISTA.

Que le Seigneur te rende
Au ciel l'amour divin que tu m'as prodigué!

BIANCA.

Posez sur mes genoux votre front fatigué...
Et songez qu'un amour, même comme le nôtre,
N'est pas tout le bonheur! Dieu nous en garde un autre,
Et votre orgueil pourra se montrer triomphant
Quand vous verrez sourire, entre nous, votre enfant.

SCÈNE V

LES MÊMES, LUIGI.

LUIGI, à Battista.

Sais-tu si cet enfant sera le tien?

BIANCA.

L'infâme!

Elle s'évanouit.

BATTISTA, se relevant.

Qui parle? tu pâlis... et tu tombes, ma femme!

LUIGI.

Sais-tu si cet enfant sera...

BATTISTA.

N'achève pas!

Ou je l'étranglerai! Tu viens, cœur vil et bas,

Me dire que je fus insensé de te croire,

Que tu ris d'un serment et veux me faire boire

La coupe des douleurs tout entière?

LUIGI.

Assassin!

BATTISTA.

Et devant cette femme! oh! l'horrible dessein!...

Pas d'armes; je n'ai pas ici même une épée!

LUIGI.

Je ris de ta colère en ses désirs trompée!

BATTISTA.

Va-t'en!

LUIGI.

Pour assouvir ma vengeance en retard

La hache du bourreau vaudra mieux qu'un poignard.

Les sbires sont tout près — et n'attendent qu'un signe.

BATTISTA.

Que ne l'ai-je tué là-bas !

Il s'agenouille près de Bianca.

LUIGI, à part.

Bonheur insigne !

C'est une noble proie, ô mon cœur, le sais-tu ?

Il est là, je le tiens sous mes pieds abattu !

Enfin j'ai pu l'atteindre, enivré, sur la cime

De son rêve insolent ! Je le tuerai sans crime.

Je le ferai tuer, car je ne sais pas, moi,

Manier un poignard, non ! je ferai la loi

De ma vengeance, — en plein soleil, — l'humble servante.

Il sort.

SCÈNE VI

BATTISTA, BIANCA évanouie. LES SBIRES.

BATTISTA.

Où suis-je ? L'on devient souvent fou d'épouvante.

Suis-je devenu fou ? — Pas d'armes ! il a pu,

Sans être poursuivi, s'enfuir, fier et repu

De sa vengeance infâme! il a fui comme un lâche,

Avec juste raison orgueilleux de sa tâche,

Car il nous a tués, elle et moi, d'un seul coup!

— Tu respires, enfant! La mort t'aurait beaucoup

Épargné de douleurs; pourquoi n'es-tu pas morte?

Ton âme est trop candide et n'est point assez forte

Pour affronter le sort qui nous est réservé!

La mort eût couronné ton rêve inachevé,

Dans un monde meilleur, de sa divine palme!

On dirait qu'elle dort! Pauvre enfant! elle est calme,

Elle est belle, elle est chaste, elle est pure, — et pourtant

L'infâme séducteur a dit vrai.

Silence.

Ciel! j'entend

Les sbires...

BIANCA, d'une voix faible.

Battista...

BATTISTA.

Pourquoi n'es-tu pas morte!

20

Aux sbires, qui entrent.

Je sais qui vous cherchez. Permettez que j'emporte

Jusqu'au palais voisin cette femme en mes bras.

Suivez-moi. Soyez sûrs que je ne fuirai pas.

FIN DU DEUXIÈME ACTE.

ACTE III

Un carrefour. — A gauche, la porte de la prison.

SCÈNE PREMIÈRE

BIANCA, puis, LUIGI.

BIANCA.

J'attends depuis une heure, en tremblant, que l'on m'ouvre.
Quel désespoir profond mon courage recouvre !
On le juge aujourd'hui ! Pauvre ami, quel que soit
Ce jugement, pourrai-je y survivre?... Il fait froid.
C'est l'*Angelus*.

LUIGI, s'approchant d'elle.

Priez le ciel pour tous ses crimes...

BIANCA, se levant.

O le cruel qui vient contempler ses victimes !

LUIGI.

Oui, cela fait toujours plaisir à regarder,
Chère enfant !

BIANCA.

      Hâtez-vous, la mort ne peut tarder,
Seigneur, à vous priver de cette jouissance.

LUIGI.

Elle respectera votre calme innocence.

BIANCA.

En frappant un seul cœur, la mort en tuera deux...

LUIGI.

Non ! vous vivrez pour moi...

BIANCA.

      Vos rêves sont hideux...
Je leur échapperai...

LUIGI.

      Veux-tu que je le sauve ?

BIANCA.

Vous ? non !

LUIGI.

Te souviens-tu d'une muette alcôve

Exhalant ce parfum qui doucement endort

Dans l'âme qui se perd, souvenir et remord?

Une alcôve où mouraient les clartés de la lampe, —

Un balcon large, avec des jasmins sur la rampe,

Un ciel d'été tout blanc d'étoiles, et le vent

Qui parfois arrivait au lit en soulevant

Et le rideau de fleurs et le rideau de soie;

Puis deux cœurs enivrés d'une pareille joie...

BIANCA.

Oh! l'indigne menteur!

LUIGI.

Un lit discret et noir,

Des yeux qui se cherchaient dans l'ombre sans se voir ..

Et de longs frôlements de lèvres frémissantes.....

BIANCA.

Menteur! je me souviens des larmes incessantes

Qui n'ont pu de ton crime encore me laver!

Pourquoi, peureuse enfant, n'osai-je pas braver

La mort? Combien de fois depuis, en la nuit sombre,

Quand résonnait dans l'air le lamentable nombre

De cette heure infamante, hélas! combien de fois
L'ai-je maudite en vain! O méchant! tu me vois
De douleur accablée, et viens à mon oreille
Souffler un souvenir détesté, qui réveille
Les serres du remords dans mon cœur déchiré!

A part.

Cher Battista, je t'aime et je te bénirai
Parmi tous ces méchants, tant qu'un reste de vie
Fera battre mon cœur! Au mal tu m'as ravie!
Et quand je détournai de toi mon front souillé,
Tu m'as dit : Viens à moi, le crime est oublié! —

LUIGI.

Vous ne m'écoutez plus. Enfant, j'ai la pensée
De vous conter la nuit à Venise passée
Par votre époux. — C'était au logis bien connu
De votre sœur.

BIANCA.

Assez! voici l'instant venu
Où je puis supplier tous les juges!

LUIGI.

Supplie!

Ils en riront, — après la sentence accomplie.

BIANCA.

Ils n'oseront jamais le tuer...

LUIGI.

Qui le sait?

Un juge ne serait rien, — s'il ne punissait.
Sauvez-le donc?

BIANCA.

Comment?

LUIGI.

Vous vous moquez!

BIANCA, frappant à la prison.

Cet homme

Veut tuer mon époux, et je l'écoute comme
Si de toute pudeur j'avais fait abandon!
Me vendre pour ta vie! Oh! cet horrible don
Qui te clouerait la honte à jamais sur la face,
Dieu ne veut pas, ami! que mon cœur te le fasse!

Elle entre dans la prison.

SCÈNE II

LUIGI, puis ALESSANDRA.

LUIGI.

La belle enfant me fuit. Que m'importe, après tout?

Elle est trop jeune encor pour pleurer jusqu'au bout

De son veuvage, seule et sans qu'on la console!

Je connais les chemins de ton cœur, pauvre folle!

— Ah! vous avez voulu, mon cher, m'assassiner!

Et vous m'avez fait grâce en croyant m'enchaîner

A quelque triste vie en l'exil dépensée;

Puis vous avez de moi banni toute pensée,

Comme si j'étais mort et si je n'avais pas

Besoin de plus d'un coup pour qu'on me jette à bas.

L'orgueil vous a conduit à la mort!

A Alessandra, qui entre.

Qui t'amène,

Pâle comme un linceul? Depuis une semaine

Je ne t'avais pas vue.

ALESSANDRA.

Enfin c'est vous! tant mieux....
Après vous avoir fui, je vous cherche en tous lieux.
Il en est temps encore, il ne faut pas qu'il meure.

LUIGI.

Ai-je bien entendu, ma belle?

ALESSANDRA.

Allez donc! l'heure
Nous presse, un jugement de mort se fait sitôt!
Courez à vos témoins, donnez de l'or! il faut
D'abord gagner du temps, et nous pourrons ensuite
Le sauver, ou du moins lui préparer sa fuite.

LUIGI.

Madame, je ne sais de quel droit vous voulez
Faire cela?

ALESSANDRA.

Vraiment, Luigi, vous me parlez
D'une étrange façon. Je le veux, — je l'exige, —
Et je ne comprends pas qu'un instant on transige
Avec ma volonté!

LUIGI.

Laissez faire la loi! —

Ma chère, soyez calme et juste. Imitez-moi. —

Vous avez attisé ma colère vous-même....

Vous vous en repentez, il est trop tard.

ALESSANDRA.

Je t'aime,

Luigi, tu le sais bien. Ne peux-tu m'accorder

Une grâce en passant ? Ce n'est rien, mais tarder

C'est perdre sans retour le seul moyen possible

D'entraver cette loi dont l'erreur est horrible.

Crois-moi : nous avons tort de vouloir le tuer.

Ce souvenir viendra dans nos seins remuer

Son fer brûlant ! au mal la colère nous porte

Et nous fait oublier que le rêve est la porte

Ouverte dans les cœurs qui furent sans pitiés,

Par où vient le remords les ronger tout entiers !

Luigi ! te souviens-tu de la nuit de tristesse

Où je t'ai dit la mort d'un homme dont je cesse

D'évoquer par mes pleurs l'image seulement

Depuis l'heure où, cruel ! tu devins mon amant ?

Luigi ! C'est Battista qui l'a tué. Personne

Ne m'a fait plus de mal que lui ! je lui pardonne.

De mon unique sœur il me sépare. eh bien,

Je lui pardonne encore, et tu n'en ferais rien,

Toi que j'ai tant aimé, lorsque je t'en supplie?

LUIGI.

Comment, folle ! à l'instant où l'œuvre est accomplie,

Tu veux l'anéantir ? quand elle coûte au moins

Deux cents sequins donnés à mes quatre témoins ?

Quand il a tout lui-même avoué, le pauvre homme,

Qui vous frappe à l'écart et que pourtant on nomme

Un sage dans Venise ! Il a tout avoué !

Il pouvait m'échapper, s'il eût été roué !

J'épiais sur son front quelque ombre, quelque signe,

Mais son front était calme, à peine si la ligne

Des sourcils trahissait le trouble de son cœur;

Parfois il me jetait un sourire moqueur !

Ah ! ah ! tu souriais !

A Alessandra.

Vous paraissez troublée!...

Alessandra se détourne en pleurant. —

Un silence de mort planait sur l'assemblée....

Il répondit : « C'est vrai, j'ai voulu le tuer !

« A mentir je n'ai pu jamais m'habituer....

« Que mon sang épanché retombe sur sa tête

« Il méritait la mort! » Oh! quel moment de fête!

Un long frisson courut parmi les assistants.

Moi je le contemplai, sans rien dire, longtemps,

Et je viens le guetter encore à son passage

Pour voir si jusqu'au bout il fera bon visage.

Il faut lui pardonner, dites-vous? n'ai-je pas

Ma fortune liée à ce juste trépas ?

Et parce qu'il vous passe en la tête une idée,

Je ferais reculer ma vengeance attardée !

Oh! non pas! Je voudrais le voir, Alessandra,

Oui ! je voudrais le voir !

ALESSANDRA, à part.

        — Il rit, il l'attendra,

Le méchant homme, ici, — pour l'insulter encore. —
   A Luigi.
Oh! vous ne m'aimez plus, Luigi !

LUIGI.

        Je vous adore,
Mais la vengeance passe avant le sentiment.

ALESSANDRA.

J'aurais pu le sauver peut-être !

LUIGI.

Non vraiment !

Car nous avons joué tous deux au plus habile.
Votre aveugle fureur me fut souvent utile;
Maintenant tout est fait, je puis vous l'avouer.

ALESSANDRA.

Vous n'avez donc pas eu de honte à vous jouer
D'une crédule femme ! — Oh ! j'oublierai ! j'oublie
Tous vos torts. — Mais allez le sauver ! je supplie
En vain un cœur de pierre...

LUIGI.

Écoutez !

ALESSANDRA.

Quoi ?

LUIGI.

Sept coups.

ALESSANDRA.

Son rire me fait peur !

LUIGI.

Enfin !

ALESSANDRA.

Que dites-vous ?

LUIGI.

Je dis que maintenant la sentence est rendue.

ALESSANDRA.

Ma sœur mourra ! Je suis une femme perdue !

SCÈNE III

La prison.

BIANCA, UN MOINE.

LE MOINE.

Demandez le courage et l'espérance à Dieu,
Ma fille !

BIANCA.

            En auriez-vous si vous sentiez, au lieu
D'une existence calme et telle que la vôtre,
L'angoisse de la mort ? Ah ! par le grand apôtre
Qui vous sert de patron et vous a dit d'aller
Trouver les malheureux et de les consoler,
Je vous jure que, loin d'apaiser mes souffrances.

Votre sainte parole en augmente les transes. —
Vous parlez de courage, eh bien ! n'en ai-je pas ?
Quand je vois arriver l'heure de ce trépas,
N'est-ce pas vous montrer, mon père, un grand courage,
Que de tourner au ciel encore mon visage,
Quand depuis tant de mois les pleurs n'ont pas cessé
La nuit de l inonder ?

LE MOINE.

Dieu n'est jamais lassé,
Ma fille, de veiller sur qui souffre !

BIANCA.

O folie !

LE MOINE.

Dans son égarement fatal, votre âme oublie
Que sa vie ici-bas commence à peine encor,
Et qu'elle attend pour prendre un glorieux essor
Que Dieu l'appelle à lui ? Ma fille, vous me dites
Que vous souffrez autant que les âmes maudites,
Et quand Notre-Seigneur vous tend ses bras divins,
Vous jetez sur ce monde et tous ses bonheurs vains
Le regard d'une impie !

BIANCA.

O Battista !

LE MOINE.

Ma fille,

Imitez votre époux, la foi sur son front brille ;

Il se repent, — il sait que Dieu veille sur lui ;

L'éternelle espérance en son cœur noble a lui.

Ah ! qu'elle éclaire aussi le vôtre qui s'égare !

BIANCA.

Mon père, ayez pitié de moi. L'âme s'effare

Quand s'ouvre devant elle un abîme de feu !

Le vertige la prend... pitié !

LE MOINE

Priez un peu...

Et demandez pardon à Dieu de ce blasphème.

BIANCA.

Je n'ose pas ! Il sait, votre Dieu, combien j'aime

Mon pauvre Battista ! Quelquefois j'ai prié,

Mais plus haut que ma voix mon amour a crié,

Et seule elle sera dans le ciel entendue !

Vous ne me dites rien... La sentence est rendue

Depuis longtemps. Pourquoi ne pas le ramener !

S'ils allaient, ô mon père, à la mort l'entraîner
Sans que je le revisse! oh! l'affreuse pensée!..

LE MOINE.

Priez, ma pauvre enfant, et votre âme blessée
Bientôt se calmera. Dieu peut tenir demain
Des jours de votre époux la balance en sa main.
Vos prières iront au ciel, faites en sorte
Que leur poids sur celui de ses fautes l'emporte.

Bianca s'agenouille. — A part.

Jamais nulle douleur ne m'a tant remué
Que la sienne.

BIANCA.

Pourtant, s'il n'a rien avoué,
Ils ne le pourront pas condamner, ô mon père!

LE MOINE.

Détournez-vous du monde, et que votre âme espère
En Dieu seul. Seul, il rend le calme à nos esprits...

BIANCA.

Dieu ne me rendra pas l'époux qu'ils m'auront pris!

LE MOINE.

S'il veut le rappeler au ciel, il est le maître...

21.

BIANCA.

Oui! c'est toujours la mort que je vois reparaître..
Arrière les espoirs trompeurs, j'en veux finir,
Et mourir avec lui... Je l'entends revenir !

SCÈNE IV

LES MÊMES, BATTISTA.

BIANCA.

Eh bien?

BATTISTA.

La mort.

BIANCA.

La mort! ils veulent qu'on te tue !
Moi, je ne le veux pas. Suis-je donc abattue
Pour qu'on te vienne prendre en passant sur mon corps?
Je les attends sans peur !

BATTISTA:

Chère enfant!...—j'eus de torts

Trop souvent envers toi. Voici l'heure venue

Où je te dois montrer mon âme ouverte et nue.

Pardonne-moi d'avoir voulu te séparer

De ta sœur et souvent de t'avoir fait pleurer.

Mais je croyais agir pour ton bien.

BIANCA.

C'est ta femme

Qui demande pardon pour une faute infâme

Qu'elle a mal expiée avec de lâches pleurs!

BATTISTA.

Ton expiation me cachait ses douleurs...

Crois-tu que mon amour ne les ait pas comptées?

Que de fois j'ai senti de larmes humectées

Tes paupières frémir sous mes lèvres d'amant!

Oh! je n'ai de ton cœur perdu nul battement,

Et de le contempler à ses remords en proie

Mon orgueil savourait la douloureuse joie!

BIANCA.

Ah! ne fallait-il pas que je souffrisse autant

Pour payer ton amour?

BATTISTA.

Vois, le prêtre m'attend.
Je viendrai te revoir.

BIANCA.

Je me sens assez forte
Pour qu'aucune douleur avant toi ne m'emporte.
Au revoir!

Battista et le moine sortent.

SCÈNE V

BIANCA, puis ALESSANDRA.

BIANCA.

Je comprends le rêve de mes nuits,
Et je puis m'en repaître en l'abîme où je suis.
O mort! squelette affreux, de la main je te touche,
Et je respire l'air qui te sort de la bouche!
Étends tes bras glacés sur moi pour m'enlever:
Ils valent ce grabat où je viens de rêver.

Durant soixante nuits, un rêve épouvantable
Où je voyais rouler sa tête sur le sable !...
Viendrait-on le chercher ?...

Alessandra entre.

Qui donc t'amène ici ?
Si tu veux le pardon des mourants...

Elle l'embrasse.

— Le voici...

ALESSANDRA.

Je veux te consoler !

BIANCA.

Ma douleur est trop grande
Pour que mon cœur blessé dans le tien la répande ;
Je l'emporte en la tombe où tu poussas nos pas...

ALESSANDRA.

Pardonne-moi, ma sœur.

BIANCA.

Moi ? — Je ne t'en veux pas.
Mais Battista te sait trop coupable, et ta vue,
En ce cruel endroit justement imprévue,
Le troublerait sans doute à ses derniers moments.

ALESSANDRA.

Pourtant je veux le voir.

BIANCA.

C'est assez de tourments

Pour lui comme pour moi : j'aurai sa dernière heure.

Je ne souffrirai pas cette fois qu'on me leurre;

C'est mon bonheur suprême!...

ALESSANDRA.

Hélas!

BIANCA.

En vérité,

Je l'ai d'assez de peine et d'angoisse acheté

Pour qu'on ne vienne pas encore me le prendre!

Je veux être avec lui toute seule et répandre

Mon âme dans son âme, et l'embrasser longtemps.

ALESSANDRA.

Il faut que je le voie, il le faut, car j'attends

De lui seul, aussi moi, le repos de ma vie!

La vengeance d'un autre à la fin assouvie

Par moi fut longuement préparée, et sa main

S'appuya sur la mienne en cet affreux chemin,

Et je sus lui cacher, en l'aidant sans relâche,

Quelle haine excitait ma colère en sa tâche.

BIANCA.

Qu'est-ce que Battista t'avait fait?

ALESSANDRA.

Rien!

BIANCA.

Tu dis

Que la haine excitait...

ALESSANDRA.

Fille du paradis!

Voudrais-tu voir au fond du puits de notre honte?

Non, jamais! Ce n'est point aux anges qu'on les conte,

Ces choses-là; — d'ailleurs, est-ce que j'oserais?

Sais-tu même, ô ma sœur! qu'il existe, tout près

D'enfants purs comme toi, des âmes d'ardeurs pleines,

Que vos félicités chastes, calmes, sereines,

N'émeuvent plus; — qui vont par le monde, cherchant

La lumière et le bruit, les plaisirs et le chant,

Et qui sans se lasser, gravissant toutes cimes,

Buvant l'air où souvent flotte l'odeur des crimes,

Arrivent à la mort n'ayant fait que le mal,

Et sans prendre souci de leur destin fatal?

Tu ne peux le savoir, ange que je désole !
Douce enfant que je tue !

BIANCA.

Oh ! j'en deviendrai folle,
S'il meurt. Je l'aime trop ! Je ne puis plus souffrir,
J'ai trop souffert !...

ALESSANDRA, à part.

S'il meurt ! dit-elle : il va mourir.

SCÈNE VI

LES MÊMES, BATTISTA, LE MOINE.

BATTISTA.

A Dieu je me confie, ô mon père, — et je tremble !
Montrant Bianca.
Je l'aimais tendrement, et nous étions ensemble
Si bien unis au sein de nos calmes bonheurs !
Mourir quand cette joie, après tant de lenteurs,
Est enfin arrivée, et mourir sans comprendre,

Malgré toute ma foi, comment Dieu pourrait rendre

A mon âme, en le ciel, ce qu'il lui ravit là !

LE MOINE.

La terre n'est plus rien pour vous ; — oubliez-la.

BATTISTA.

J'aurais pu disputer, à ces juges des hommes,

Ma vie en niant tout. Pauvres humains, nous sommes

Bien prodigues du sang de nos frères ; pourtant,

Sans les preuves du crime on hésite un instant

A dresser l'échafaud ! — Hélas ! trop tard j'y songe ;

J'aurais gagné peut-être un jour par un mensonge,

Je l'aurais vue un jour, — et ne la verrai plus !

LE MOINE.

Vous la retrouverez au milieu des élus ! —

BATTISTA.

J'écoute mon amour, et j'ai tort de le faire.

Vous m'accompagnerez là, jusqu'au bout, mon père,

N'est-ce pas ?

LE MOINE.

Oui, cher fils.

BATTISTA.

Restez à la prison.

Le moine sort.

SCÈNE VII

BATTISTA, BIANCA, ALESSANDRA.

BATTISTA, absorbé.

Aux juges j'aurais pu dire quelle raison
Avait armé mon bras, et la cause du crime
Eût peut-être changé l'assassin en victime !
A quoi pensé-je là ! Souiller ma femme ! ouvrir
Devant eux ma blessure ! Oh ! non, plutôt mourir !

ALESSANDRA, se jetant à ses pieds.

Seigneur, soyez clément ! Une coupable femme,
Pour vous perdre, à l'enfer a vendu sa pauvre âme,
Et mourra dans les pleurs, la honte et l'abandon,
Si vous lui refusez, seigneur, votre pardon.

BATTISTA.

Votre prédiction, madame, est accomplie :
Vous fûtes sans pitié !

ALESSANDRA.

Pardonnez-moi !

BATTISTA.

J'oublie,

Et Dieu pardonnera ; je ne puis faire mieux.
Peut-être ai-je eu des torts. Notre juge est aux cieux !

A Bianca.

Enfant, tu vas rester, ici-bas, solitaire ;
C'est un plus grand malheur que de quitter la terre
Quand on espère en Dieu. —

BIANCA.

De lui qu'espères-tu ?

BATTISTA.

Est-ce donc que la foi, de ton cœur abattu,
Avec les pleurs, depuis hier, s'est écoulée ?
Je te retrouverai là-haut, colombe ailée !
Tu reviendras poser ton front près de mon front,
Et nos bonheurs nouveaux jamais ne passeront,
Et nos belles amours, Dieu nous les rendra toutes !

BIANCA.

Espères-tu cela?

BATTISTA.

Quoi! chère enfant, tu doutes
De la bonté de Dieu?

BIANCA.

Dieu t'arrache à mes bras!

BATTISTA.

Sa bouche ment! Seigneur, vous n'écouterez pas!
Elle croit, et son cœur est blanc comme la neige.
Ne suis-je pas coupable, ô ma femme! et devais-je
Me venger en frappant? C'est à Dieu de punir.
Souviens-toi que lui seul pourra nous réunir
Maintenant!

SCÈNE VIII

LES MÊMES, LE MOINE.

LE MOINE.

Viens, mon fils.

BIANCA.

Non! reste, reste encore!

Je veux encor te voir! Oh! si je les implore,

Ils m'écouteront.

BATTISTA.

Non! ma femme, je t'attends!

Bon courage!

BIANCA.

Crois-tu que je vivrai longtemps?

BATTISTA.

Tu vivras! Pour l'enfant de ton sein il faut vivre!

BIANCA, à part.

Il est mort aussi, lui.

BATTISTA.

Comme la vie enivre

A l'heure qu'il nous faut la quitter! Un vent doux,

Par cet étroit grillage, arrive jusqu'à nous,

Et la blonde lumière en ce cachot ruisselle!

Le ciel est encor pur... la terre est toujours belle!

C'est bon de vivre!

LE MOINE.

Allons, mon cher fils...

BATTISTA.

Arrêtez!

LE MOINE.

Quels sentiments de crainte avez-vous écoutés?

BATTISTA.

Je croyais qu'au dehors une voix criait grâce!
Je suis donc lâche? Oh! viens, Bianca, que je t'embrasse!
Adieu, femme chérie, adieu, je sens mon cœur

A Alessandra.

Se fondre; il faut pourtant nous séparer. — Ma sœur,
Vous veillerez sur elle, et que Dieu vous pardonne.

LE MOINE.

On nous attend, mon fils.

BATTISTA.

Allons!

BIANCA

Il m'abandonne!

Battista, pas encore!

BATTISTA.

Adieu, ma femme! adieu!

Il sort avec le moine.

SCÈNE IX

ALESSANDRA, BIANCA. puis LUIGI.

BIANCA.

Plus rien!... il est parti! Pitié pour moi, mon Dieu!
Non! je veux le revoir!...

*Elle monte sur un banc et regarde par le grillage; Alessandra
la soutient.*

Le bourreau! c'est le rêve!

Elle tombe.

ALESSANDRA.

Reviens à toi, ma sœur! Sa main que je soulève
Retombe déjà froide; elle est sans mouvement.
Elle meurt, elle meurt... et personne, ô tourment!
Au secours! au secours!...

UNE VOIX, au dehors.

Ouvrez donc cette porte!

LUIGI, entrant.

Elle est à moi!

ALESSANDRA.

Tu viens trop tard, ma sœur est morte!

FIN DU TROISIÈME ACTE.

POÉSIES DIVERSES

LA DERNIÈRE SAPHO

I

C'était aux temps lointains de la Grèce païenne,
Quand ses heureux enfants ne songeaient qu'à l'amour,
La nuit en écoutant la harpe éolienne,
En regardant courir les bacchantes le jour.

En ces temps où les mers, par Phœbus échauffées,
Venaient mêler le soir leurs amoureuses voix,

Sur la plage sonore, aux plaintes étouffées
　　　Qui s'échappaient des bois;

En ces temps où personne encor n'osait sourire
Des courses de Phœbé quand brillait le croissant,
Et des tendres baisers de Flore et de Zéphire
Quand sur les prés glissait un souffle frémissant;

Où la nuit on croyait qu'à l'ombre du mystère,
Sous les lauriers fleuris et le saule tremblant,
Les déesses prêtaient aux lèvres de la terre
　　　Leur col de marbre blanc.

II

Daphnis avait des yeux baignés de tièdes flammes,
De grands yeux transparents comme les blondes mers.
Il était jeune et libre, et cependant son âme
Semblait s'abandonner à des pensers amers.

Et souvent il rêvait, penché sur les cascades,

De l'aurore à la nuit et sans s'apercevoir,

Dans son profond chagrin, que les glauques naïades

        S'attristaient de le voir.

Des filles de l'Attique, en souriant, plus d'une,

Par un regard furtif, lui disait d'espérer.

Mais Daphnis évitait leur troupe ardente et brune,

Les forçant à médire et souvent à pleurer.

Une pourtant, — Sapho, la blonde jeune femme,

Cachait mal un amour qui lui brûlait le cœur,

Et le cruel n'avait jeté sur cette flamme

        Que son regard moqueur.

Mais l'amour de quinze ans, la blessure divine,

Mêle tant de plaisirs à ses nouveaux tourments !

La passion éclose à ce soleil devine

Tant de choses qu'ailleurs ignorent les amants !

Sapho, seule toujours, hypocrite et sauvage,

De ses longues ardeurs n'avait jamais rien dit,

Désaltérant son cœur profond à ce breuvage
Enivrant et maudit.

III

Lorsque tombe le soir, perfide est la campagne :
Elle endort la raison en calmant les soucis,
Et plus d'un fou dédaigne une douce compagne
Pour suivre dans son rêve un fantôme indécis.

Dans les nuits de l'été, nuits que la lune blanche
Entoure de lueurs ainsi que d'un réseau,
L'âme s'ouvre aux désirs, et sous leurs ondes penche
Comme un frêle roseau.

Le fleuve scintillait, et dans les bras de Flore
Le Zéphire endormi cessait de murmurer ;
Les bois étaient muets, et la ville, sonore
Jusqu'au soir, commençait de calme à s'entourer.

La brume enveloppait ses chapiteaux d'acanthe,

Tout, dormait, l'Acropole et la plaine alentour,

Tout hormis les buveurs et l'hétaïre errante,

    Hôtes du carrefour.

IV

.Couché sur le gazon, au pied d'un laurier-rose,

Et suivant sous les eaux la naïade aux doux yeux,

Daphnis s'alanguissait dans une molle pose ;

La lune cependant déclinait dans les cieux.

Daphnis se rappelait, en gémissant, les rêves

Dont, crédule jeune homme, on l'avait trop bercé,

Et, pendant que la source épanchait sur les grèves

    Son flot lent et lassé,

Il disait : « Faudra-t-il me lamenter encore

« Seul jusques au matin ? Déesse aux seins brillants,

« Phœbé, chaste Phœbé, que j'aime et que j'adore,
« Me laisseras-tu perdre ainsi mes plus beaux ans?

« Du jeune Endymion meilleure fut la chance :
« Sans même l'éveiller tu le rendis heureux !
« Et maintenant, Phœbé, tu ris de la constance
        « D'un naïf amoureux !

« Pour toi j'ai dédaigné toutes ces jeunes filles
« Qui m'offraient leur amour. Oh ! lorsque je te voi,
« Les nuits tièdes, dans l'onde où si calme tu brilles,
« Éros brûle mon cœur, mon cœur trop plein de toi !

« Ce soir j'ai repoussé la jeune femme blonde
« Dont le regard ardent sous de longs cils reluit,
« Pour venir contempler ton front glacé dans l'onde,
        « Phœbé, toute la nuit ! »

Et l'insensé Daphnis pleurait sous le feuillage
Mollement agité, quand les myrtes en fleurs
S'ouvrirent. — Caressant tout à coup son visage,
Une haleine embaumée avait séché ses pleurs.

Il n'avait plus de voix ! Ému, tremblant et pâle,

Il voyait s'avancer la blanche déité

Et luire sur son front, comme une large opale,

  Le croissant argenté !

C'était Phœbé la chaste, égarée en sa course,

Qui seule par les bois, cette nuit-là, venait

Baigner ses pieds d'ivoire à la tranquille source,

Tandis que dans le ciel son char se promenait.

C'était Phœbé la chaste, alerte et demi-nue,

Le voile de sa gorge à demi soulevé...

A l'appel de son cœur c'était Phœbé venue !

  Tout son bonheur rêvé !

Ce bonheur l'effrayait. De sa bouche divine

Phœbé toucha le front de ce peureux enfant,

Et fit bondir l'amour dans sa jeune poitrine.

Un nuage passa sur le char triomphant.

Le pâtre du vallon, qui cherchait sa demeure

En chantant sur la route un hymne pour Bacchus,

Quoique son œil fût trouble, a raconté qu'à l'heure
    Du lever de Vénus,

Il avait vu parmi les odorantes branches
Où Philomèle vient, chaque nuit, se poser,
Deux ombres lentement glisser, deux formes blanches
Se fondre en le brouillard au bruit d'un long baiser.

Bientôt la nue au ciel par l'aube fut blêmie,
Et Daphnis, au premier rayon de l'Orient,
Vit, au lieu de Phœbé dans son char endormie,
    Sapho lui souriant.

Il se releva pâle et muet, et, farouche
Comme un jeune taureau par l'éclair ébloui,
La colère en les yeux, le dédain sur la bouche,
Il contempla l'enfant qui tremblait devant lui ;

Et Sapho, comprenant qu'en son orgueil sauvage
Il ne voudrait plus d'elle et la chassait déjà,
Morne et d'un long regard couvrant le doux rivage,
    Dans les flots se plongea.

1840.

L'ANTIOPE

I

C'est l'heure où les oiseaux chantent à leur réveil ;
La nature est riante et calme, — le soleil
Boit la rosée en pleurs sur la feuille tremblante ;
Un rayon jusqu'à vous pénètre, et je vous vois
    Dans une pose nonchalante,
    Comme Antiope sous les bois...
    Vous êtes bien tard endormie ;

Je vous appelle, ô mon amie !
Et vous n'entendez pas ma voix.
Réveillez-vous, ô mon amie !

II

Antiope sourit à son rêve inconnu,
Pendant qu'un Dieu trompeur contemple le sein nu
Dont sa main indiscrète a soulevé le voile.
L'amour est auprès d'elle et dort comme un enfant ;
    Et pourtant légère est la toile
    Qui si mal des yeux la défend !
    Sans bruit de la nymphe endormie,
    Dans le bois sombre, ô mon amie !
    S'approcha le dieu triomphant...
    Réveillez-vous, ô mon amie !

III

Votre sommeil est calme et calme est votre cœur ;
Des regards curieux vous n'avez point de peur,

Sachant que l'on vous aime et que vous êtes belle.

Vous avez confiance aussi, vous, dans l'Amour,

> Qui, près de la jeune immortelle,
>
> Repose, insoucieux du jour.
>
> Vous êtes trop belle endormie
>
> Pour dormir si tard, mon amie :
>
> On vous jouerait un mauvais tour !
>
> Réveillez-vous, ô mon amie !

LES TROIS VÉNUS

I

LA VÉNUS DU CAPITOLE

Elle a depuis longtemps dénoué sa ceinture,
Ses voiles ont glissé de ses genoux brûlants
Sur la buire aux parfums, et dans l'eau fraîche et pure
Elle est prête à plonger ses membres nonchalants.

Sachant de sa beauté que la puissance est sûre,
Elle ouvre aux yeux mortels l'écrin des trésors blancs,

 POÉSIES DIVERSES.

Et montre avec orgueil sa splendide parure,
La ligne harmonieuse et souple de ses flancs.

Les faux dieux de la Grèce, en troupes colossales,
Se mêlent tristement, dans les profondes salles,
Aux vrais dieux des Romains, les sombres empereurs.

De ce peuple de marbre, ô belle et noble reine !
On aime à contempler ta majesté sereine,
Après tant de Césars qui suintent leurs terreurs !

II

LA VÉNUS DE LA TRIBUNE

Non ! je ne puis douter que cette femme sente
Courir sur son épaule un doux frémissement,
Comme si, devant moi, d'une aile caressante,
La pâle volupté frôlait son corps charmant.

Son bras qui tombe avec une grâce indécente,
Et sa main que soulève un lascif mouvement,
Font un voile inutile à la pudeur absente,
Et sa bouche sourit à l'éternel amant.

Les barbares du Nord ont mutilé son torse,
La terre a revêtu d'une rugueuse écorce
Ses flancs par le sculpteur avec amour polis,

Et le vieux marbre exhale encor l'odeur maudite
De ces jours radieux où régnait Aphrodite,
Sous vingt siècles de fer pourtant ensevelis !

III

LA VÉNUS DU LOUVRE

L'art grec nous a laissé d'admirables débris ;
Mais je préfère à tous ta splendeur simple et forte,
Déesse aux seins de vierge, et dont l'éclat apporte

24

Le soleil de l'Égée à nos cieux assombris.

Nos palais n'ont pour toi que de tristes abris,
Un air glacé t'y baigne, ô Vénus ! mais qu'importe ?
Ton regard rend une âme à l'antiquité morte,
Et brûle autour de toi le plâtre des lambris !

En vain le temps jaloux, t'ébranchant comme un arbre,
A déchiré tes reins, brisé tes bras de marbre,
Toujours a survécu ta suprême beauté !

Tes cheveux opulents sont ta seule couronne,
Mais ton front sérieux du même feu rayonne
Qu'aux jours où l'on croyait à ta divinité !

LA CENCI

Quel peintre fade et lourd que ce Guido Reni !
La pâle décadence en lui s'est incarnée
Le jour qu'on déterra la mère infortunée
Dont l'orgueil fut jadis par Apollon puni.

Il en a fait Cypris par les Grâces ornée
Ou l'Aurore au plafond des Pallavicini;
Tantôt c'est Madeleine, ivre de l'infini,
Et tantôt Cléopâtre à l'aspic destinée. —

Et cependant la main qui, sans nous émouvoir,
Couvrit de Niobés tant d'ennuyeuses toiles,
Sut créer un chef-d'œuvre épouvantable à voir :

Cette tête d'enfant, ceinte de pesants voiles,
Aux yeux éteints, — au cou languissamment fléchi, —
Cette tête qu'attend le bourreau : — la Cenci !

LES MARBRES D'ELGIN

Sous la main du sculpteur quel souffle a donc tari
La beauté, cette source éclatante et sonore
Où venaient s'abreuver tant de peintres encore
Au siècle où la Joconde en posant a souri?

Michel-Ange, vieux maître au cœur endolori,
Ébanche des géants qu'un sourd ennui dévore;
Cellini donne une âme au métal qu'il adore;
De Goujon, de Puget, l'œuvre n'a point péri.

Les uns ont eu la force et les autres la grâce ;
Mais nul n'a retrouvé dans son étroit chemin
L'idéale beauté, splendeur du corps humain ;

Et ces tailleurs de pierre, en se voilant la face,
Ne pourraient devant vous que renier leur nom,
Grands marbres arrachés vivants au Parthénon !

LA SAUNIÈRE DE BATZ

J'ai vu la Frascatane assise sur sa gerbe
Et qu'un bouvier romain lentement reconduit;
L'Andalouse aux regards brûlants; la fille Serbe
Dont les cheveux épais sont plus noirs que la nuit.

J'ai vu de l'Oberland courir pieds nus dans l'herbe
La vierge svelte et blonde, — et mon œil rêveur suit
Aujourd'hui la saunière à l'allure superbe,
Longeant les étangs clairs où le sel rose luit.

Elle est fière et farouche, elle est belle entre toutes!
Quand l'ardente sueur descend en larges gouttes
De son front toujours droit sous les fardeaux pesants,

Elle semble mener l'antique théorie
Sculptée en le porphyre aux palais d'Assyrie,
Et défier encor le soleil et les ans.

CHANSONS

I

LES ABEILLES

Les châtaigniers d'étoiles jaunes
Jusques au faîte sont couverts.
Sous le clair feuillage des aunes
Le soleil dore les joncs verts.
La macre sur les eaux vermeilles

Fleurit au milieu des glaïeuls.
On entend bruire les abeilles
        Dans les tilleuls.

Au repos l'ombre nous convie,
Et je crois en vous écoutant
Aux plus beaux rêves de la vie...
Mais le bonheur n'a qu'un instant.
L'hiver sur toutes ces merveilles
Bientôt tendra ses blancs linceuls,
Et plus ne viendront les abeilles
        Dans les tilleuls.

Le ciel sourit. Allons entendre,
Avant que les blés soient coupés,
Le coucou solitaire et tendre,
— Rossignol des maris trompés.
Dans ses tierces toujours pareilles
Il dit qu'au bois nous serons seuls...
Laissons bourdonner les abeilles
        Dans les tilleuls.

II

LA TZIGANE

Le corail luit sur ta peau brune,
L'épingle d'or à ton chignon ;
  Viens-tu chercher fortune
  Du pays de Mignon ?

  Quand le tambour de basque
  Résonne sous ta main,
  J'ai le désir fantasque
  D'être amoureux demain !

A mon chalet, noire hirondelle,
Viens-tu, dès que l'hiver finit,
  Pour la saison nouvelle
  Suspendre ton doux nid ?

Quand ton tambour de basque
Éveille cet espoir,
J'ai le désir fantasque
D'être amoureux ce soir.

Tu pars ; — mais si jamais tu m'aimes,
Ta rive, où fleurit l'oranger,
Contre nos hivers mêmes
Tu voudras l'échanger...

Le gai tambour de basque !
De loin quand je l'entends,
J'ai le désir fantasque
D'être amoureux longtemps !

Tu pars ! Comme tes yeux sont tristes...
Ton jeune cœur semble hésiter.
En vain tu lui résistes,
Il te dit de rester...

Prends ton tambour de basque

Et chante nos amours...
J'ai le désir fantasque
D'être amoureux toujours !

III

ÉVEIL DE L'AME

Dans ton enfance aux tranquilles soirées,
Quand près de toi souvent je travaillais,
Je troublais l'air de notes éplorées,
    Et tu souriais !

Sur le clavier frémissant d'harmonie,
Lorsque mes doigts s'agitaient de leur mieux,
Tu les suivais dans leur course infinie
    D'un œil curieux.

En regardant la touche qui remue,

Tu te disais : Quand en ferai-je autant?

Mais, je le crains, tu n'étais guère émue

    En les écoutant.

Tu ne savais pas encore les charmes

Des souvenirs qu'on raconte à la nuit.

Ces chants brisés,—pour moi c'étaient des larmes,

    Et pour toi du bruit.

Enfant! depuis, l'âge a changé nos rôles.

De tes seize ans les mois sont épuisés,

Et la jeunesse a frôlé tes épaules

    De ses doux baisers!

Au vent qui fait épanouir les roses

En soupirant ton cœur a tressailli,

Ce long soupir, sur tes lèvres mi-closes,

    Je l'ai recueilli.

Et maintenant tu comprends la tendresse

Des chants rêveurs où j'aime à me plonger,

En modulant le désir qui m'oppresse,

    Je te fais songer...

Et quand, le soir, les yeux baissés, tu penches,

Pour écouter, ton front brûlant sur moi,

Je vois des pleurs mouiller les touches blanches

    Qui parlent de toi...

HEURES DE TRISTESSE

———

I

O chaste amour, combien tu m'éprouves! Il semble
Que tu veuilles me vendre à chaque fois plus cher
Ce rayon sous lequel frémit l'âme et la chair,
Et qui me brûle au cœur, tandis que mon corps tremble.

Dès que nous échangeons nos longs rêves ensemble,
Sa tristesse s'exhale et se répand dans l'air,

25.

Et, comme le nuage étouffant un éclair,

Elle éteint sans pitié l'espoir qui nous rassemble.

Dieu la fit implacable et céleste! Sa voix,

Qui, de larmes remplie, à loisir me tourmente.

A le charme enivrant de ses regards d'amante.

Ses frêles mains ont su tailler ma lourde croix,

Et, quand j'ai trop souffert sous le poids que je traîne.

Elle a pour moi des mots de bonté souveraine.

1811.

II

Dans cette nuit de juin où, seuls, nous entendîmes

Sur un laurier touffu chanter le rossignol,

Tandis que descendait la lune sous les cimes

Des grands ormeaux dont l'ombre enveloppait le sol.

Avez-vous souvenir des projets que nous fîmes
Et de nos doux espoirs au ciel prenant leur vol?
L'avenir souriait alors! A ses abîmes
Songiez-vous, en penchant sur mon cœur votre col?

Sous votre châle tiède, entre mes bras blottie,
Vous écoutiez l'oiseau qui chantait ses amours.
Voilà dix ans passés! et j'y pense toujours.

O ma céleste joie en la tombe engloutie!
O bonheur envolé pour ne plus revenir!
Là-bas peut-elle encor de vous se souvenir?

1856.

III

Notre infime existence a son heure suprême
Où le cœur, s'enivrant de sa félicité,
Semble d'un vol rapide en l'espace emporté

Sur les ailes de feu de l'ange qui nous aime.

A l'ivresse pourquoi survivre, et du ciel même
Redescendre pour voir, d'un œil épouvanté,
Le nid de nos amours par la mort dévasté,
Et notre espoir gisant sous une pierre blême?

Parce que la nature, au retour du printemps,
Sur le sol noir de fange et de feuilles pourries,
Déroule de ses fleurs les tapis éclatants,

Penserions-nous qu'au fond de nos âmes flétries,
Où la flamme divine a tout brûlé, l'amour,
— La fleur de nos vingt ans, — pourrait revivre un jour?

1857.

LES DEUX CHEMINS

— —

I

Des deux chemins que m'offrait cette vie,
Il en est un battu de tous les pas
Et qui conduit au but que l'homme envie
Quand d'autrefois il ne se souvient pas.

De vains plaisirs toujours inassouvie,
S'abandonnant à leurs trompeurs appas,

L'âme, aux pensers qui l'attristaient ravie,
Y marche, aveugle, à l'heure du trépas. —

L'autre chemin, par la pierre et la ronce
Est encombré; dans la nuit il s'enfonce,
La nuit glacée et sans étoile aux cieux.

On s'y fatigue, on s'y blesse, on y souffre;
Mais on respire, en approchant du gouffre,
L'ardent parfum du lis mystérieux. —

II

Nul n'est venu surprendre le mystère
De ce parfum qui m'a seul appelé,
Loin des plaisirs et des bruits de la terre,
Dans un vallon sinistre et désolé.

Comme la cendre aux pentes d'un cratère

Fuyait le sol sous mes pieds éboulé,

Dans les cyprès, et sans jamais se taire,

Sifflait le vent à des sanglots mêlé.

J'allai, malgré les broussailles arides,

Et la tempête, et le froid, — j'allai seul,

Sous le ciel noir, plus morne qu'un linceul ;

Et j'arrivai, vieux, le front plein de rides,

Au bord du gouffre où dans l'ombre fleurit

Le souvenir des mortes qu'on chérit. —

1857.

LE RIGHI

I

J'ai gravi la montagne aux pentes escarpées ;

Les rayons du couchant, comme un faisceau d'épées,

    Se brisaient sur les pins géants,

Et le frémissement des forêts séculaires

Montait, plein de menace et de sourdes colères,

    De tous les abîmes béants.

Quand je fus arrivé sur cette cime arduc,

Je vis la Suisse entière à mes pieds étendue
    Comme une île de l'infini.
Dans la plaine du Nord, large de trente lieues,
De grands lacs reflétaient le ciel aux ondes bleues
    Sur leurs miroirs d'argent bruni.

Tandis qu'autour de moi les montagnes prochaines,
Sinistre et noir chaos, encombraient de leurs chaînes
    Le cirque immense et trop étroit,
Des pics de la Jungfrau la neige immaculée
Semblait, sous les baisers d'une lueur ailée,
    Rougir d'amour dans le ciel froid.

Vers l'orient, d'Altorf à Schwytz, les Alpes nues
Se dressaient, protégeant de leurs têtes chenues
    Le berceau de la liberté,
Et dans un lit de pourpre aux franges d'améthyste,
Le soleil, au-dessus du Jura noir et triste,
    Roulait son globe ensanglanté.

Mais bientôt, dans le morne océan des montagnes,
Il a sombré. La brume inonde les campagnes,
    Leurs vallons plongent dans la nuit,

Quand sur les pics aigus du Wetterhorn, qui semblent
Surgir des régions où les brouillards s'assemblent,
        La neige rose encore luit.

L'ombre se glisse aux flancs des monts qui m'environnent.
De nuages épais leurs sommets se couronnent,
        Et le ciel blafard se déteint ;
Dans les plaines, là-bas, des demeures de l'homme
Je vois les derniers feux dans la nuit mourir comme
        Une étincelle qui s'éteint.

II

Qu'importe que le vent soit dur, la terre froide,
Et que mon lourd manteau déjà devienne roide,
        O nuit ! sous ta rosée en pleurs ?
Sur la pierre couché, libre et seul, je contemple
Les constellations qui, du céleste temple,
        Sont les lumières et les fleurs.

Immuable splendeur de l'infini, je t'aime,

Moi, fils d'un globe errant et frappé d'anathème
          Par le Dieu caché qui punit;
D'un globe que toujours le feu ronge, et qui brave
Le ciel en vomissant vers lui son sang de lave
          Et ses entrailles de granit!

Dans la sérénité de ton calme sublime,
Jamais tu n'entendis revenir de l'abîme
          L'écho de ses convulsions!
Tu ne sais même pas l'existence première
De ce point sans clarté, perdu dans la lumière
          De tant de constellations!

Jamais à tes soleils il ne peut apparaître,
Et celui qui l'a fait est seul à le connaître
          Dans ses ténèbres, — et pourtant
Tes astres sont les clous qui soutiennent son dôme,
Et tu parais rouler autour de cet atome
          Dont l'homme est le fier habitant!

Pourtant devant cet être infime, insaisissable,
Ce ver qui rampe autour d'un pauvre grain de sable
          Que tu ne peux apercevoir,

S'ouvrent les profondeurs du céleste empyrée,
Et la nuit il se berce en ta robe azurée,
      Enivré d'orgueil et d'espoir !

Oui, sublime infini ! dès que le jour s'achève,
L'âme qui vit en nous jusques à toi s'élève :
      Elle jauge ta profondeur !
Elle suit tes soleils dans leur ellipse immense,
Et la création, qui toujours recommence,
      Ne peut fatiguer son ardeur !

L'intelligence humaine a déchiré les voiles
Du divin gynécée où naissent les étoiles ;
      Le temple a ses rideaux ouverts,
L'éternelle Genèse au ciel se continue
Et s'étale à nos yeux, éblouissante et nue,
      Sur le trône de l'univers !

La terre était pour l'homme une étroite patrie,
Effondrant sa prison de sa tête meurtrie,
      Alentour il jeta les yeux !
Au sein de l'empyrée il vivra mieux à l'aise.

Qu'importe que l'audace à ses maîtres déplaise?
    Dieu sourit à l'audacieux!

III

Jusqu'à mes pieds glacés, comme un encens qui fume,
S'élevait la vapeur des vallons pleins de brume;
    Les sapins noirs se lamentaient,
Et, détournant les yeux des étoiles pâlies,
J'entendis les douleurs et les mélancolies
    Du temps passé qui sanglotaient!

Et dans le bruit du vent, sur ce mont solitaire,
Je crus, pauvre exilé, que la voix de la Terre,
    Douce et triste, venait à moi :
Douce comme un soupir de mère qui s'approche
Du berceau de son fils, — triste comme un reproche
    D'amante inquiète en sa foi.

Elle disait : « Comment la science et l'étude
« Pourraient-elles sans moi peupler la solitude
    « Qui devant tes pas s'agrandit?

« Cette route déserte où Dieu veut que tu vives,

« Sans mon tiède sourire et mes caresses vives,

   « Ne serait plus qu'un lieu maudit !

« L'homme vit par le cœur mieux que par la pensée.

« Ton cœur, c'est mon limon, ma poussière glacée

   « Que Dieu réchauffa dans sa main ;

« C'est à mon océan une goutte ravie.

« Ton cœur ! il ne vivait hier que de ma vie,

   « D'elle seule il vivra demain !

« Tu crois surprendre au ciel la genèse des mondes,

« Et tu ne peux pas voir si leurs splendeurs profondes

   « Voilent un seul être animé !

« Tu dédaignes la terre, et tu ne sais pas même

« S'il existe une étoile, — une seule, — où l'on aime

   « Comme ici-bas tu fus aimé.

« Souviens-toi d'autrefois dans ta tristesse amère,

« Et laisse reposer sur le sein de ta mère

   « Ton faible cœur endolori ;

« Les douleurs ont aussi leurs plaines éthérées !

« Songe aux tremblantes mains que tes mains ont serrées,

    « Songe aux lèvres qui t'ont souri.

« Dans le sombre hypogée as-tu peur de descendre?

« Songe à tes morts chéris! tu me fuis, et leur cendre

    « Pourtant repose dans mon sein!...

« A défaut du bonheur, à moi la mort te lie!

« Ainsi Dieu l'a voulu. Rêves-tu la folie

    « De lutter contre son dessein?

« Ces mondes inconnus et dont la splendeur tente

« Tes yeux brûlés de pleurs pendant les nuits d'attente,

    « Crois-tu donc qu'ils puissent jamais

« Te rendre le bonheur que t'ont donné deux larmes

« D'une femme, — le soir plein d'ivresse et de charmes

    « Où tu lui dis que tu l'aimais! —

« Oui! laisse tes sanglots éclater! C'est une heure

« Où dans la solitude il est bon que l'on pleure,

    « Tu te relèveras plus fort;

« Bois le calice amer et le fiel de l'éponge,

« Et, si de vains espoirs t'éloignent de moi, songe

    « Où repose ton bonheur mort! »

IV

Le vent gémit, le ciel à l'orient s'enflamme ;
Comme la fleur des nuits, referme-toi, mon âme,
        Devant les regards étrangers ;
La trompe des pasteurs appelle à la montagne
Les vaches aux yeux doux, qu'en chemin accompagne
        Le bruit de leurs grelots légers.

Du vieux couvent, caché dans un pli des collines,
La prière s'envole en notes argentines
        Et monte vers le firmament.
Une vague senteur de thym, d'herbes mouillées,
Flotte dans l'air… Après mes larmes essuyées,
        Plus cruel semble mon tourment !

Quand l'aveugle divin, les lèvres demi-closes,
Chantait à ta louange, Aurore aux doigts de roses,
        Son hymne harmonieux et pur,
Il rêvait l'Ionie et ses monts baignés d'ombre.

Qui, du ciel et des flots, par une ligne sombre,
        Séparent les nappes d'azur.

Il ne t'avait pas vue, ô messagère ardente,
Secouant de ton front la rosée abondante,
        Étendre tes cheveux brûlants
Comme une neige d'or sur les Alpes superbes,
Et changer d'un regard en éclatantes gerbes
        Leurs pics de glaciers ruisselants.

Il ne t'avait pas vue au rebord des abîmes
Guidant, loin des brouillards, sur les plus hautes cimes
        Ton char aux rayonnants essieux,
D'un nuage enflammé couvrir la forêt verte,
Et des plis de ta robe, à tous les vents ouverte,
        Rougir la profondeur des cieux !

Rose et charmante était l'aurore d'Ionie,
Quand ses pieds se posaient sur la mer aplanie
        Comme des ailes d'alcyons,
Et qu'elle illuminait de son plus doux sourire
Ces îles où la brise en les myrtes soupire
        Un tendre appel aux passions !

Mais toi qui, par-dessus les innombrables crêtes
De l'Oberland sauvage, ameutes les tempêtes
          Sous ton quadrige frémissant,
Remplis les vallons noirs du bruit des avalanches,
Et des Alpes d'Uri souilles les têtes blanches
          D'un livide reflet de sang,

Oh ! tu n'apportes plus d'espoirs ni de merveilles
Au monde qui gémit dès que tu le réveilles,
          Triste aurore des mauvais jours !
Messagère farouche, et qui du ciel présages
Pour la terre épuisée encore des orages,
          Et pour moi la douleur toujours !

V

Mais soudain à mes yeux dans les airs se dérobe
Cette vieille fardée, à la sanglante robe,
          Dernier débris du ciel païen.
De l'horizon surgit le soleil, orbe immense,
Épanchant de ses feux la divine semence
          Dans le désert aérien !

Du Titlis tout entier s'illumine le dôme !

Il rayonne au milieu du sinistre royaume

Sous ses larges flancs abrité !

D'Appenzell et d'Uri les monts couverts de neige

Et les pics noirs de Schwytz semblent faire un cortége

A sa tranquille majesté !

Le spectacle est superbe et la foule frissonne ;

Mais qu'importe à celui que n'aime plus personne

La foule et son étonnement ?

Qu'importent le soleil, la montagne et la plaine

A celui qui n'a plus d'espoir, et ne promène

En tous pays que son tourment ?

Je ne veux plus lutter contre ma destinée ;

Je suis faible, et j'ai vu la forêt entraînée

Par l'avalanche au gouffre noir !

Puisque l'amour perdu vous donne tant de joie,

Faites jusqu'à la mort de mon cœur votre proie,

Sombres vautours du désespoir !

1er Septembre 1856.

ÉPILOGUE

Quand je t'ai rencontrée en mon triste chemin,
O résignation! ô fille grave et sainte!
De l'épine en couronne, hélas! la tête ceinte,
Et l'emblème de paix, une palme à la main,

J'étais pris du dégoût de tout espoir humain,
Et j'aurais de ma lèvre, avec amour et crainte,
Essuyé sur ton front chaque sanglante empreinte,
Jusqu'à l'heure où descend la nuit sans lendemain.

Sa tombe m'appelait ! — Mais de ton doigt céleste,
Me désignant ma route ici-bas, tu m'as dit :
D'autres t'aiment encor, sois courageux et reste !

Reste et songe, en luttant contre un passé maudit,
Que ton amie au ciel veille sur toi sans doute ;
Travaille, elle te voit, — et chante, elle t'écoute.

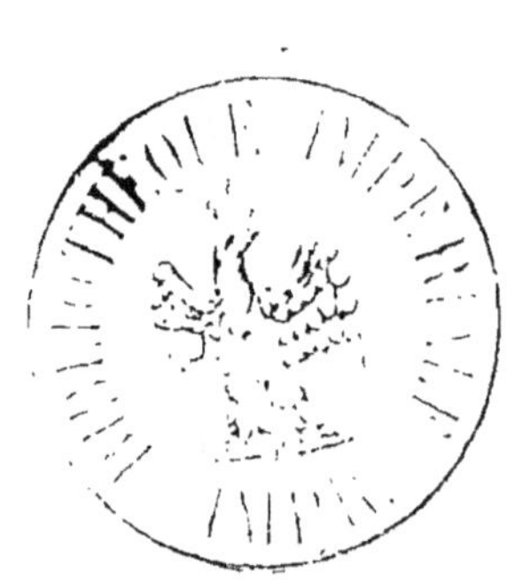

TABLE

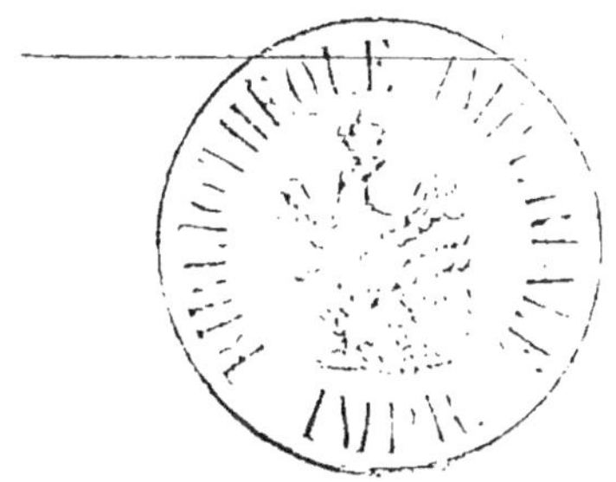

ERRATA

Page 56, après ce vers :

Il faut un grand courage encor pour te braver?

Ajouter

Et le cœur le plus ferme au vent de cet abîme
Tremble, et dans son passé ne voit plus qu'un long crime

Page 140, *au lieu de*

« Que ce vieillard ait foi. »

Lire :

« Que ce vieillard eut foi. »

DU MÊME AUTEUR

AMOUR ET POÉSIE. Paris, 1854.
POËMES FAMILIERS. Paris, 1856.
POËMES RUSTIQUES. (Sous presse.)

PARIS. — TYP. SIMON RAÇON ET COMP., RUE D'ERFURTH, 1.